探究・教育原論
— 人間形成の解明と広がり —

田井康雄
中戸義雄
共編

学術図書出版社

まえがき

　少子高齢化と情報化の急速な到来のために価値観の混乱がますます著しくなりつつある現在，教育に関する問題もさまざまの構造をとって次々とあらわれてきている．家庭の教育機能の喪失や学校教育の内容の多様化，教師の質の低下，さらには，地域の教育力の低下など教育の基本的構造が根本的に変化し，それに十分な対応ができていない状況において，さまざまの情報が氾濫する情報化時代に突入している．現代は過去から受け継がれてきた文化が急激な変化に直面し，その具体的な対応が十分にできていない結果，従来の教育そのものが方向転換しなければならないが，それに対する適切な方向が見つからず，新たな方向性を模索している時期なのである．

　このような状況において，教育に携わる者や教職を志す者は現状に合致する教育の有効性を求めることと，教育のもつ本質を探究しながらその普遍性を求めることのバランスを新たにとることが必要になってきている．現実の教育問題に対して有効な教育的取り組みを構想すると同時に，そのような教育問題の背後にある人間と教育の関係の普遍性を探究することは，現代社会における教育学研究の基礎でなければならない．教育現場が現在混乱している理由は，あまりにも多様な教育問題が次々と起ってくるためにその対症療法的対策に追われてしまい，新しい時代における本質的な教育的取り組みを行う余裕がもてなくなっているためである．その結果，教育現場が教育問題を臨床心理学に基づくカウンセリングによって解決するというきわめて典型的な対症療法をとることに問題を感じなくなってしまっている．教育問題の解決に対症療法的方策をとっていけば，その問題が解決するとすぐまた新たな問題が生じてくることになる．個別的な教育問題が独立して存在しているのではなく，教育問題相互間の目に見えないつながりがあり，そのつながりの構造は教育と人間の本質的な関係から生じてくるものなのである．それゆえ，あまり現実の教育問題にだけ

目を奪われて，解決策を求めることのみにかかわりすぎると，かえって本質的な問題解決ができなくなってしまう．現在の教育問題はまさにそのような状況にあると考えられる．

以上のような現実の教育に対する考え方から，実際に教育が対症療法ではなく，その本質から教育問題を解決できるように取り組む必要性を強く感じ，そのための原理と構造を解明し，新たな方向性を探究しようとした．

本書はこのような基本的考え方から3部構成をとり，「第1部　原理」では，教育の基本的原理を明らかにし，人間と教育の本質およびその関係から教育理論と教育実践を総合的に分析・解明し，「第2部　構造」では，学校，家庭，地域における教育において生じている具体的な教育問題の構造を明らかにし，その解決策に対する示唆を与えようとした．さらに，「第3部　探究」においては，教育を哲学的に深く探究するために教育を成立させる諸条件としての自律性，他者性，の問題を考察し，教育における子どもとのかかわり，時間と空間という人間存在を成立させる要素の分析，さらに，情報の教育的意義について考察した．

本書は教育学における現実的有効性と同時に普遍性を求めようとする若手研究者のご協力を得て斬新な視点が随所に用いられ，従来の教育原論のテキストのような原理論にとどまらず，幅広いアプローチが取り入れられ，教育に関心のある人々の期待に添えるものにできたと確信している．

最後に，出版事情の厳しい状況にもかかわらず，本書の出版を快くお受け下さった学術図書出版社の杉浦幹男氏に満腔の感謝の意を表したい．

平成16年9月

田井　康雄

目　　次

❖ **第1部　原　理** ... 1

第1章　教育的有機体としての人間 ... 2
第1節　他の動物との異質性 ... 2
第2節　教育的有機体 ... 7
第3節　自己形成 ... 12
第4節　個性化と社会化 ... 21

第2章　教育概念の分析 ... 28
第1節　教育者と被教育者から見た教育 ... 28
第2節　文化伝達としての教育 ... 31
第3節　教育の核としての教育愛 ... 39
第4節　人間形成の構造 ... 47

第3章　教育の目的と評価 ... 54
第1節　教育目的のもつ意義 ... 54
第2節　教育目的の種類 ... 62
第3節　教育評価のもつ意義 ... 66
第4節　教育評価の種類 ... 69

❖ 第 2 部　構　造　75

第 4 章　教育における学校の意義　76
第 1 節　家庭の教育機能喪失現象 76
第 2 節　学校教育の領域の拡大 80
第 3 節　生涯学習における学校の役割 84
第 4 節　情報の氾濫に対する学校教育 87

第 5 章　教育法規―「教育基本法」「学校教育法」を中心として　91
第 1 節　教育法規の体系および日本国憲法 91
第 2 節　教育基本法 93
第 3 節　学校教育法 100
第 4 節　学習指導要領 105
第 5 節　おわりに 107

第 6 章　食生活からみた現代の家族関係　108
第 1 節　現代の家族関係の特徴 108
第 2 節　食生活からみた家族関係の歴史 109
第 3 節　食生活からみた現代の家族関係 112
第 4 節　食生活の変容と家族関係をつくる基盤 118

第 7 章　地域社会と教育　120
第 1 節　日常生活圏としての地域社会 120
第 2 節　子どもの発達と地域社会 124
第 3 節　フルタイムの住民にとっての地域社会 129
第 4 節　地域社会という「場所」，またその「意味」 133

❖ 第3部 探　　究　　　　　　　　　　　　　　　　137

第8章　教育における自律性　　　　　　　　　　　　　138
　第1節　はじめに 138
　第2節　自律と共生 139
　第3節　教育関係のパラドックス 143
　第4節　おわりに 147

第9章　教育における他者性　　　　　　　　　　　　　149
　第1節　はじめに 149
　第2節　「他者」という概念 150
　第3節　コロニアリズムと教育 151
　第4節　「プロ教師の会」 155
　第5節　おわりに 158

第10章　子どもへのまなざし　　　　　　　　　　　　　161
　第1節　はじめに 161
　第2節　子どもとおとな 162
　第3節　かつて子どもはいなかった 166
　第4節　子どもはおとなの仮構品 170

第11章　教育と時間　　　　　　　　　　　　　　　　　174
　第1節　はじめに 174
　第2節　時間のとらえ方 175
　第3節　現代人と時間―『モモ』を通して― 177
　第4節　学校のなかの時間 182
　第5節　おわりに 185

第12章　教育と空間　　　　　　　　　　　　　　　　　186
　第1節　はじめに 186
　第2節　生きられた空間 186
　第3節　現代の居場所 188

- 第4節 学校・教室という空間 190
- 第5節 おわりに 195

第13章 情報と人間　　　　　　　　　　　　　　　　196
- 第1節 人間存在と情報 196
- 第2節 情報化社会の現状 199
- 第3節 情報教育の本質 203
- 第4節 情報と人間形成 205
- 第5節 今後のあり方 209

第1部

原　理

第1章

教育的有機体としての人間

第1節　他の動物との異質性

1. 生理的早産と長い成長期

　人間は一般の動物と異なるさまざまの特徴をもっている．それらの特徴の根本をなすものは，きわめてか弱い不完全な状態で誕生することと，それに伴って生物としての成体に達するまでにかかる時間が異常に長いということである．このような人間の誕生をポルトマン（A. Portmann, 1897〜1982）は生理的早産と呼んでいる．つまり，誕生したばかりの新生児は自分の力だけで生命を維持する能力をまったくもっていないのである．他の動物と同じようにある程度自分自身の力で生命を維持し，発達していくためには，母胎内の羊水の中で完全な保護状態にさらに1年数ヶ月おかれなければならないとされている．しかし，さらに1年数ヶ月母胎内で胎児が成長続ければ，母親の子宮は破裂して母親は死んでしまうことになる．

　人間の生理的早産は人間としての種の保存を実現するために，備わった生理的機能であり，そこには，そのような生理的早産を補うための長い成長期が必然的に伴われるものなのである．そして，その長い成長期にはさまざまな形での教育的はたらきかけが必要になってくる．このような教育的はたらきかけは普通母親による愛情豊かな保育や養育によって始まり，家族や身近の人々との心のつながりにおいて促進され，やがて学校教育によって知育や徳育や体育として意図的な教育として行われていくのである．

このような生理的早産と長い成長期が強い関連性をもつのは，人間の成長・発達が親や周りの人々や学校の教師による教育的はたらきかけによって受動的に進められていくようなものではなく，そのような教育的はたらきかけに影響を受けながらも，個々の人間のもつ個別的な性質や能力によって異なってくるからである．つまり，同じような環境において成長しても，その環境から受ける影響は個々の人間によってまったく異なってくるのである．これは人間の生理的早産や長い成長期というものが，各人間の個性という独自性を生み出す基本的条件になっていることを示すものである．

環境からのさまざまの影響を各人間の独自の方法で取り入れたり，排除したりすることによって個性は次第に形成されていくのであり，ここに人間が教育的有機体である第一根拠があらわれてくるのである．

2. 明確な自己意識の生成

生理的早産といわれるほどか弱い状態で誕生してきた新生児は，愛情豊かな生活環境において十分な保育や養育が行われることによって次第に自己意識をもつようになってくる．一般に自己意識は3歳程度であらわれてくるとされているが，人によっては1歳時のことを覚えている場合もある．

人間は環境からの影響を強く受けるが，その受け方が個々の人間においてきわめて多様であるために自己意識のあらわれ方にも個人差がある．この個人差は生活環境の差だけではなく，子ども自身の有機性によっても異なってくる．さらに，この自己意識は人間関係のあり方によっても大きく影響を受ける．つまり，さまざまの友達や近所のおとなとの接触が著しい子どもにおいては，社会性の発達が顕著になってくるにつれて自己意識は明確になってくる．自己意識はその人自身の社会性と個人性から成立してくるものであり，他の人間とのかかわりをもちにくい生活環境で成長する場合，社会性が発達しにくいだけでなく，個人性も発達しにくくなり，結果的に自己意識は確立しにくくなる．

このように自己意識は人間の外的要素である生活環境からの影響と内的要素である有機性という2つの要素によって次第に明確化されてくるのである．個人性と社会性から成る自己意識が明確になるにつれて，人間は自己を客観視することが徐々に可能になってくる．そのあらわれが自己反省であり，自己反省

はある程度の年齢になるまでは不可能である．自己を客観的に捉えることができるためには，その自己意識がかなり明確に成立していなければできない．

以上のような理由で，人間が社会的動物として具体的に活動できるようになるためには，自己意識の明確化が進んでいなければならず，それは人間存在そのもののもつ有機性と環境からの影響との相互関係のうちに実現してくるのである．そして，この自己意識の明確さのために，人間は常に個人としての立場と社会的構成員としての立場との間の自己矛盾に悩み，そこに道徳の必要性もあらわれてくるのである．つまり，人間は明確な自己意識をもつ社会的動物であるからこそ，人間においてのみ道徳が必然的にあらわれてくる必要があるのである．

3. 知識・技術の習得能力と創造性

人間は他の動物に比較にならないほど優れた知識や技術の習得能力をもっている．これは，「1. 生理的早産と長い成長期」において明らかにしたように，さまざまの能力を成長を通じて身につけることによって，人間としての発達を実現させていくからである．このような能力の発達がきわめて多様で複雑で，しかも，長期間にわたる成長期に行われるために，人間としての能力は他の生物に比較にならないほど高度なものになっていくのである．

このような能力をもつ子どもを教育する立場に立つおとなは，人間として必要な知識や技術を子どもに教えようとする．ここに世代間の教育が成立してくるのである．年長世代は年少世代に対して文化を伝達することによって，人類は次第に高い文化をつくり上げていくのである．つまり，年少世代は年長世代からさまざまの文化内容を習得することによって，既存社会に適合していくとともに，伝達された文化そのものを習得するだけでなく，自分なりに解釈し，新たな価値的側面をその文化に付け加えながら習得していくことによって，年長世代のもつ文化とは異なった側面をもつ新たな年少世代の文化をつくり上げるのである．ここに人類の文化の発展の基本的構造を窺い知ることができる．

人間のもつ知識・技術の習得能力は，他の動物と異なって与えられた知識・技術をそのまま習得するのではなく，そこに何らかの独自的側面としての創造性を加えながら習得するのである．それゆえ，あらゆる時代の若者は若者文化

を創り出していくのである．教育的はたらきかけは人間のもつこのような創造性を尊重しながら，年長世代の文化を伝達していかなければならないのである．このような考え方が児童中心主義教育思想と教師中心主義教育思想という相対立する教育思想が成立する理由なのである．つまり，被教育者のもつ創造性を尊重しながら，同時に既存社会にある年長世代の文化を伝達しなければならないという矛盾が教育的はたらきかけに本質的に存在しているのである．この矛盾は実は人間のもつ知識・技術習得能力そのものに存在する矛盾なのである．

　人間が知識・技術を習得するということは，独自の創造的側面を加えながらその知識・技術を習得していくことなのである．

4. 個性の顕著さとその発達

　人間は知識や技術を習得するとき，自らの独自の能力でまた独自の方法でそれを行う．これこそが人間の個性の根拠なのである．人間の個性は生まれつき与えられた遺伝子的要素によってのみ成立してくるものではなく，環境からの影響のみによって成立してくるものでもなく，その人間自身の個人的意志によってのみ形成されるものでもない．つまり，これらの要素が総合的に加わることによって，個性は生成してくる．このような個性の生成は一人ひとりの人間の独自性としてあらわれてくる．そして，この個性の生成過程が自己形成なのである．

　自己形成は人間の遺伝子的要素と環境からの影響という個人の意識に入らない要素と，自らの意志の力で意識的に自己自身にはたらきかけるという意識的要素から成立してくる．それゆえに，自己形成によって成立してくる個性はきわめて著しい独自性をもつ人間の本質なのである．また，個性はこのように自己形成によって徐々に発達してくるものであるために年齢によって変化してくる．つまり，個性とは個々の人間の本質的性質というだけでなく，一人の人間の発達段階に応じて常に変化・発展していくものである．そこに人間の教育的有機性もあらわれてくるのである．

　人間の顔がすべて異なっているのと同様に，人間の個性はすべて異なるものであるから，人間をいくつかの性格パターンに分けて捉えようとする人間把握はきわめて非人間的な人間観であるといわざるをえない．すべての人間は独自

の個性を独自に自己形成していく存在であるから，その人間の自己形成のあり方を先入観のない目で見ていくことが教育的立場に立つ人間の義務である．教育者が被教育者をパターン分けし，類型的に捉えるとするなら，その教育者は少なくとも教育者の名に値する人間とはいえない．教育者は一人ひとりの人間を独自の個性をもつ存在として見なければならない．さもなければ，教育者は真の教育を行うことは不可能である．真の教育とは被教育者の個性を正しく把握し，その人格を尊重しなければならない．

5. 強い価値的欲求

人間がその自己意識を明確化していくにつれて，価値あるものに対する欲求が強まってくる．人間は他の動物に比較にならないほど多様で強い価値的欲求をもつようになる．人間以外の動物のもつ欲求は基本的に生理的欲求に基づくものであり，その欲求が満たされれば解消してしまうものがほとんどであり，動物は必要以上の価値も物も求めようとはしない．それに対して，人間の価値的欲求はきわめて多様な対象に対して生じるだけでなく，その欲求が解消されても，さらに，強い欲求へとエスカレートしていく性質をもっている．このような性質が強いために，人間は人間としての文化を創造してきたのである．

人間がこのような強い価値的欲求をもつようになることが知識や技術を習得することにもつながるのである．人間としての文化が歴史的に発達してくること自体が人間の強い価値的欲求の結果なのである．つまり，人間のもつ欲求は生物としての生を維持するための欲求ではなく，人間としてのレベルアップを前提にした欲求であり，レベルアップすることが人間の日常的な欲求の目的になっているのである．

このような人間のもつ欲求の強さは人間をプラスの方向にだけ導くのではなく，人間を利己的な性質へと導く可能性をもつ．つまり，人間にとってのレベルアップが正当な方向に導かれるとき，強い価値的欲求は人間の文化を発達させるというエネルギーになるが，逆に利己的な価値的欲求へと偏する場合，強い価値的欲求は人間を非道徳的な存在に堕落させる危険性がある．非道徳的な人間はいかなる動物よりも残虐な行動をいともたやすく行う．人間の強い価値的欲求はこのようなマイナスの側面をもつために道徳が必要になってくるので

ある.

　教育的はたらきかけにおいて重要な位置にあるのが道徳教育であり，道徳教育なしに人間教育は成り立たない．人間教育とは単なる知識や技能の伝達，個人の個性の伸長だけでなく，その重要な内容として道徳教育を含んでいなければならない．それゆえに，ヘルバルト（J. F. Herbart, 1776～1841）も教育の中心に徳育を据えているのである．

第2節　教育的有機体

　第1節で人間の特殊性について考察したが，このような特殊性をもつ人間を教育的有機体と呼ぶことができる．教育的有機体である人間は教育的はたらきかけや教育的影響を受けつつも個々人のもつ独自性を発展させることによって個性を創造していくという人間としての特殊性をあらわすのである．このような構造について考察していく．

1. 環境からの影響を受け入れる能力

　教育的有機体としての人間の能力のうち最も基本になるものが環境からの影響を受け入れる能力である．人間を環境の産物であるとしたオウエン（R. Owen, 1771～1858）は人間の成長・発達に対する環境の影響の大きさを強調したが，その影響を受け入れる個々人の生来の能力についても認めている．つまり，「人間は環境の産物である」という考え方は，環境が一方的に人間を形づくるという意味ではなく，環境からの影響を人間が生理的にも，意識的にも取捨選択しながら受け入れることを意味している．このような環境からの影響を取捨選択するからこそ，同じ生活環境で成長しても，それぞれ独自の個性が生成してくるのである．

　環境からの影響を取捨選択することは，人間の意識的なレベルだけで行われているのではなく，無意識のレベル（生理的レベル）でも行われるがゆえに，自らその影響を取り入れたり，排除したりしていること自体を必ずしも認識していない場合もある．これこそが人間が教育的有機体であるという根拠なのである．無意識のレベルで行われる環境からの影響の授受は人間自身それに気づ

かないうちに行われるのであるが，そのような無意識のレベル（つまり，生理的レベル）での影響の受け方自体が個々の人間において異なるのである．それは個々の人間の身体的生理的機能が固有の能力をもっていて，しかも，そのような機能がもつ能力の程度を人間は必ずしも明確に自覚していないのである．つまり，環境からの影響の授受は意識的レベルと無意識的レベルで同時に行われていくが，その影響を受けている人間自身もそれらを完全に把握することはできないのである．

環境からの影響を受け入れる能力がこのような二重構造をとることによって，人間の教育的有機体としての性質はさらに複雑なものになってくるのである．

2. 教育的はたらきかけを選択する機能

環境からの影響を選択するという能力は，教師や親からの意図的な教育的はたらきかけをも選択することにつながる．しかも，その選択についても，意識的にも無意識的にも行われる．意図的な教育的はたらきかけが行われるのは，教育的関係においてである．つまり，教育的はたらきかけは教育者と被教育者の相互信頼と尊敬の感情が成立しているような教育的関係においてはじめて成立してくる．特に被教育者が教育者に対して信頼と尊敬の感情をもたない場合は，教育的はたらきかけはほとんど成立しない．現実のほとんどの教育問題の原因はこのような教育的関係の不成立にあるということができる．

教育的関係は従来教育者の側からつくり上げる努力をしなければならないとされてきた．しかしながら，現実に教育において生じている問題は，被教育者の側が教育的はたらきかけを受け入れないところに生じているということができる．しかも，そのような教育者からの教育的はたらきかけの拒否は必ずしも被教育者の意識的なレベルだけで行われるというよりも，無意識的レベルでも行われる．それゆえ，教育者がいかなる努力をしても，被教育者の無意識的レベルでの拒否までも覆すことはできない．

教育的関係における教育を成立させる究極的要素は被教育者の教育者に対する信頼と尊敬，さらに，そこから生じてくる興味と関心による．つまり，教育的はたらきかけを成立させるのは，被教育者の受け入れる能力によるのである．しかも，その能力は被教育者自身の意識的な要素だけでなく，生理的無意識的

な要素にも大きく左右される．

　このような教育的はたらきかけや環境からの影響を意識的にも無意識的にも取捨選択することによって自己形成が成立してくるのである．さらに，他者からの教育的はたらきかけや環境からの影響を取捨選択する能力を自己形成力と呼ぶことができる．人間が教育的有機体でありうるのは，このような人間のもつ自己形成力によっている．人間のこのような自己形成力を教育者が十分に把握し，それに合致するような教育的はたらきかけをすることが必要になってくる．しかしながら，このようなはたらきかけは必ずしも子どもの興味と関心を尊重するということだけにつながるものではない．なぜなら，自己形成には無意識的な要素も加わっているからである．

3. 個人性と社会性からなる自己意識の発達

　人間の自己意識の発達についてはすでに第1節で考察したが，ここでは個人性と社会性の発達の構造について明らかにしたい．

　人間の自己意識は他の人間との人間関係を通じて徐々に明確化してくる．他の人々との生活におけるさまざまの活動を通じて個人としての立場と社会的成員としての立場の間に生じる矛盾を感じるようになる．そのような矛盾が自己の個人としての立場の意義と責任，さらには，それと同時に社会的成員としての立場の意義と責任を感じさせるのである．人間は日常生活において特に問題がない場合には，個人としての立場や社会的成員としての立場などを自覚することはない．しかしながら，この両者の立場の矛盾が生じることによってはじめて個人として立場や社会的成員としての立場を自覚するようになる．それゆえ，人間は成長に伴って個人性と社会性の矛盾に思い悩むことは多くなってくる．

　このような個人性と社会性の矛盾によって，他人の立場に立って物事を考えたり，自己自身を客観的に捉え直したりすることが可能になってくる．しかも，その過程はまさに自己形成によって行われるのである．個人性や社会性を他者から教えられることはできない．個人性と社会性は自己意識を構成する二側面であって，その人自身が感じ取らなければ，生成してくることはない．つまり，個人性と社会性は自己意識の発達過程において自己形成によって成立し

てくるのである．自己の立場の尊重は他人の立場の尊重にもつながり，そこに社会性が生じてくる．自分という個人が社会的存在としてはじめて成り立つことを理解して他者と対応するようになると，他者の人格というものを尊重せざるをえなくなってくる．自分という個人が社会的存在として成り立つことは，自己自身の人格を確立させることであり，そのことを自覚することが他者の立場に立って物事を考えることにつながる．

　人間は社会的動物であるからこそ，明確な自己意識を生成させるような自己形成が可能になってくるのである．自己形成は人間社会における共同生活において自然に行われてくるものであり，それが社会における機能的教育を成立させることにもつながっていくのである．

4. 教育万能説と教育限界説を同時に成り立たせる要素

　教育は工夫次第によっていかなる人間にも有効に機能しうるという考え方が教育万能説であり，人間の生来の素質に人間の成長や発達は規定され，その範囲内においてのみ教育は有効に機能するという考え方が教育限界説である．教育万能説では，人間の生来の能力よりも，成長や発達の過程における環境や教育的はたらきかけが大きな意義があると考えられている．逆に，教育限界説では，人間の成長や発達は生来の遺伝子的要素によって大部分決定されていて，生活環境や教育的はたらきかけの効果はきわめて限定されていると考えられている．

　以上のような2つの考え方は，人間の自己形成のあり方によってもたらされる考え方なのである．教育万能説は教育者が被教育者の自己形成の構造を100パーセント把握し，しかも，そのような自己形成の構造にぴったりと合致する教育的はたらきかけを行うことができるという信念から生じる考え方であるのに対して，教育限界説は教育者が被教育者の自己形成の構造を100パーセント捉えることは本質的に不可能であるとともに，人間の成長・発達は環境からの影響を受けるという自己形成そのものの構造自体が遺伝子的要素によって決定されているという考え方に基づいている．

　教育活動に従事する人々は一般に教育によっていかなる子どもたちも立派な人間に教育することができるという立場に立つ場合が多く，人間の性善説を尊

重するルソー（J. J. Rousseau, 1727～1827）が教育的に高く評価されるのも，生まれつきの能力を伸長していくという教育的はたらきかけが教育の中心であると考えられるのも，教育万能説がその背後にあると考えられる．それに対して，近年話題になっているように，遺伝子構造の解明によって人間が生涯においてかかる病気や障害を知ることができるというような生物学的・医学的立場では，いくら教育的はたらきかけを工夫しても，生まれつきの素質や能力を変えることはできないという教育限界説の立場を支持することになる．

　教育に従事するものが教育万能説と教育限界説の輻輳説に立つのは，このような教育万能説と教育限界説を教育者の立場から捉えることによって生じる自己矛盾のあらわれである．つまり，教育的はたらきかけを被教育者の自己形成の構造を解明可能な範囲について捉えれば，教育万能説が成り立ち，自己形成の構造の解明不可能な範囲をそのまま放置するところに教育限界説があらわれてくるのである．教育者は常に教育万能説を目指して，自己形成の構造を解明していかなければならないのである．

5. 自己形成を通じて効果をあらわす教育的はたらきかけ

　人間は教育的有機体であり，その教育的有機体の根拠である人間の自己形成の構造に合致する教育的はたらきかけを行うことが教育者の使命である．先に明らかにしたように，自己形成には意識的自己形成と無意識的自己形成があり，これらが二重構造をとりながら行われることによって人間の教育的有機性があらわれてくる．たとえば，児童中心主義教育は被教育者の意識的自己形成を促進させる教育的はたらきかけを教育そのものと考える教育観に立っている．また，教師中心主義教育は被教育者を訓練することによって被教育者自身の意識とは無関係に無意識的自己形成によって能力や技能を習得させようとする教育観に立っている．いずれにしても，教育的はたらきかけは常に被教育者の自己形成を通じてはじめて教育としての成果をあらわすのである．

　以上のような考え方から，教育心理学的の研究も始まったのではあるが，心理学的研究は人間の諸能力をあまりにも細分化させすぎて人間としての全体像を見失いがちである．人間の能力と他の動物の能力の相違点は人間のもつ道徳性や宗教性によってあらわれてくる．心理学的研究ではこのような人間の道徳

性や宗教性を研究のテーマにすることはできないという致命的欠陥をもっている．人間の自己形成を人間形成の重要な要素として研究することが現実の教育実践を導く教育学研究なのである．つまり，教育的はたらきかけを自己形成とのかかわりにおいて研究することが人間形成論としての意義を生み出すのであり，人間の誕生（精子と卵子の結合）から死に至るまでの過程における自己形成の構造の変化を解明することによって，人間形成論は新たな局面を生み出すことになる．とりわけ，少子高齢化に直面する日本社会において，老年期の教育を生涯学習論の立場から捉えることはきわめて重要な課題であり，その有効な視点は自己形成論以外には考えられない．

そこで，自己形成について考察したい．

第3節　自己形成

1. 人間としての成長・発達の特殊性

人間の成長・発達は他の動物の成長・発達と根本的に異なる側面をもっている．人間以外の動物の成長・発達は生理的・本能的レベルで行われ，環境からの影響自体も生理的・本能的に受け入れるか排除するかが決まる．人間においてもそのような側面はあるが，人間の場合はそのような生理的・本能的レベルでの成長・発達だけではなく，各自の主体性や個人的意志によって成長・発達を自己調整することができる．つまり，意識的な自己活動による成長・発達の方向付けが可能なのである．その結果，人間の成長・発達はきわめて自己自身による形成という側面が強くあらわれてくるのである．

人間がこのような特殊な成長・発達を遂げていくのは，自己自身を客観視することができる主体性の根拠となる自我というものが成長・発達の過程において生成し，その自我が確立するにつれて自己自身を客観的に捉え，人間特有の強い価値的欲求に導かれて自己自身の成長・発達にかかわろうとする意識的な自己形成活動を行うようになるからである．しかも，この意識的自己形成の主体そのものは遺伝子的要素と環境からのさまざまの影響によって無意識のうちに生成してくるわけであるから，他の動物の成長・発達とはかなり異なったものになってくる．それゆえ，このような機能を無意識的自己形成と呼ぶことが

できる．

　人間の成長・発達は他の動物とは異なる特殊な成長・発達の構造をとるために自己形成と呼ぶことが必要なのである．そして，人間に対する教育的はたらきかけは各人の自己形成の構造に合わせて行われることが必要であり，その意味で，真の児童中心主義教育はこの自己形成の構造を分析することから研究を始めなければならない．

　人間が教育的有機体として他の動物と異なる存在であるのは，人間がこの自己形成によってあらわれてくる成長・発達を遂げていくからであり，それは単に教育万能説や教育限界説，さらには，輻輳説で教育的はたらきかけの構造を捉えようとする従来の教育学研究の限界を克服することにつながるのである．

2. 自己形成の構造

　自己形成は人間の成長・発達の特殊性を生み出す根拠になる概念である．そして，それは無意識的自己形成と意識的自己形成という二重の構造をとるものである．そこで，それぞれの構造について考察することにする．

(1) 無意識的自己形成

　無意識的自己形成とは，人間が意識しないうちに自らのうちにあらわれてくる知識や能力や技術の習得において生じてくる．人間はさまざまの能力や技術を身につけようと意図的に努力をするとき，その努力に導かれる具体的活動そのものは意図的・意識的なものではあるが，その活動によって知識や能力や技能が習得されるかどうかは自らの意志とは無関係である．たとえば，ある知識を記憶しようと努力し自分では記憶できたと思っていても，実際には完全に頭に入っていないことや，逆に覚えようという意志はまったくない事柄を無意識のうちに覚えてしまっているようなことはよくある．また，運動能力や作業技術を習得するためには繰り返し練習するが，これも何回目の繰り返しによって習得できるか，あるいはできたかはわからない．これらは無意識的自己形成の典型的なあらわれである．

　また，人間は母胎内における精子と卵子の結合以来，人間としての成長・発達（自己形成）が行われる．このような自己形成を通じて，新生児として誕生し，さらに2～3歳ごろになって自己意識が徐々に生成してくる．この自己意

識とは，自我が自己を意識できるところに生じてくるわけであるから，まさに，精子と卵子の結合から2～3歳ごろまでの自己形成は自我の生成過程でもあるということができる．自我は自己意識の主体であるから，自我は自我自身を意識することはできない．それゆえ，自我は無意識的自己形成によって生成してくるということができる．さらに，自我は意識的な自己活動の主体として，さまざまの活動や意識的自己活動を行い続けるのであるが，その過程で自我そのものが自然に変化発展していく．この変化・発展も無意識的自己形成によって行われていくのである．

以上のような無意識的自己形成はいかなる要素によって行われるのかについて考察する．人間という教育的有機体は環境からの影響や周りの人々からのはたらきかけを無意識のうちに受け入れたり，排除したりしている．これはまさに生理的レベルで行われる．このような生理的レベルでの受け入れる性質を受容性と呼び，排除したり，他者にはたらきかけたりする性質を自発性と呼ぶことができる．無意識的自己形成はこのような人間の生理的レベルでの受容性と自発性によって行われる．もちろん人間以外の動物においても，生理的レベルでの受容性と自発性という機能は存在すると考えられる．ただ人間以外の動物の場合，その種として備わっている本能の力が強く，自我の力で本能を克服することができない．逆に人間の場合，本能の力が弱いために自我が意識的に自己形成することによって生存することが可能になってくるのである．

自我によって意識的自己形成が行えるようになってからも，無意識的自己形成は続いていくのであり，これは人間の生涯にわたって行われていく．それゆえ，教育者の立場から被教育者の成長・発達を促進するための教育的はたらきかけを考える場合，意識的自己形成を導く教育（やる気を尊重する教育）だけでなく，無意識的自己形成を導く教育（訓練を常に課する教育）が同時に必要なのである．

(2) 意識的自己形成

意識的自己形成は自我が自己を形成の対象として認識し，ある目的に向けて意識的にはたらきかけることである．その目的が教育に関するものであるとき，それは自己教育と呼ぶことができる．意識的自己形成が成立するためには，自我がある程度確立していることと，より高い目標をもちその目標に向け

て努力できる必要がある．自我の確立は先に明らかにしたように，無意識的自己形成によって環境やまわりの人々との相互関係のなかで実現していくのであるが，より高い目標をもちその目標に向けて努力できるためには，その人自身における価値的欲求の強さと未来志向性が影響してくる．

　未来志向性というのはおとなとしての性質である．つまり，価値的欲求水準の上昇に伴って，より高い価値を求めたいという意識はそのために現在ある価値を犠牲にし，未来において実現されると予想できる価値を求めるところに未来志向性は成り立つ．このような未来志向性によって意識的自己形成はさらに高等なレベルへと進んでいくのである．それゆえ，子どもにおいて一般に見られる現在志向性が主なる時期においては，意識的自己形成は未来志向性をもつおとなによって強制的に導かれなければならない．なぜなら，意識的自己形成は高い価値的欲求によって導かれることによって成り立つからである．それゆえ，本当の意味での意識的自己形成が成立するためには，未来志向性が実現していなければならない．

　意識的自己形成はその人自身が高い価値を実現したいという欲求をもつことから始まる．それゆえ，自我の確立そのものの要素のなかに価値的欲求水準の上昇がその前提になければならない．ある程度高い価値的欲求水準が実現しているからこそ，高い価値を実現していく未来志向性が機能してくるのである．このような意味において，意識的自己形成はきわめて高い人間的性質のあらわれであり，価値の実現のための自己形成は人間の成長・発達を他の動物の成長・発達と根本的に異なるものへ変えてしまうのである．

3．自己形成に対する教育的はたらきかけ
（1）無意識的自己形成に対する教育的はたらきかけ

　無意識的自己形成に対する教育的はたらきかけは被教育者自身の意識できない能力の習得のために行う訓練的要素をもつ必要性がある．繰り返し練習し，その知識や技能を習得していくという無意識的自己形成の過程を被教育者自身は意識していない．それゆえ，教育者の立場に立つ人間はこのような無意識的自己形成を導く訓練の教育的意義を十分理解してはたらきかけることが必要である．現在，小学校教育で行われている支援の教育では，このような訓練的要

素がきわめて軽視されている．無意識的自己形成によって身についてくる知識や技能は人間としての基礎的な能力を構成するものであるから，支援の教育を行う場合に，子どもたちが主体的に活動できる能力が身についていないなら，支援することすらできないのである．つまり，現実の支援の教育がうまくいかないのは，人間の自己形成が意識的自己形成のみでできているという誤った児童中心主義の考え方から支援の教育が行われているからである．

人間の基本的能力は無意識的自己形成によって成立してくることを認識して，子どもたちにある程度の訓練的教育を行うことは，意識的自己形成を促進する教育（いわゆる，真の支援の教育）の基礎なのである．ただ訓練的教育が子どもの「やる気」まで失わせるほど厳しく行われる場合に問題が生じてくる．訓練はあくまで被教育者自身の無意識的自己形成を促進するためのはたらきかけであるから，被教育者自身の「やる気」をあくまで尊重しなければならない．「やる気」を尊重するということと，子どもの「好きなようにさせる」ことは同じではない．無意識的自己形成と意識的自己形成は同時に行われているものであり，それこそが人間を教育的有機体にしているのである．真の児童中心主義教育は子どもの自己形成（無意識的自己形成と意識的自己形成）を促進させる教育でなければならない．

(2) 意識的自己形成に対する教育的はたらきかけ

意識的自己形成が成立するためには，自己をより高めたいという欲求が成立していなければならず，そのためには，明確な自己意識と高い価値的欲求を成り立たせる未来志向性がなければならないことはすでに明らかになった．それゆえ，意識的自己形成に対する教育的はたらきかけは「より高い価値を実現したい」という欲求を被教育者自身がもてるような前提条件が必要である．その前提条件とは，教育者が被教育者によって信頼と尊敬の対象になっていなければならず，その信頼と尊敬によって被教育者は教育者を主体的に模範にしたいという欲求をもつようになる．つまり，被教育者の意識的自己形成を導く「やる気」は教育者に対する信頼と尊敬の感情に導かれた自発的欲求としてあらわれてくるがゆえに，意識的自己形成を導く教育的はたらきかけの基礎に存在しなければならない．

以上のような理由で，コンピュータは人間の意識的自己形成を導くことはで

きない．コンピュータはあくまで道具であり，コンピュータのもつ機能を人間は自らの能力と思い込み，逆に自己自身の能力が失われていくことに気づかない場合が多い．意識的自己形成を導く教育的はたらきかけはあくまで被教育者に信頼と尊敬の感情を起す人間の教育者でなければならない．また，その教育者自身が自ら主体的に意識的自己形成を行っている姿が被教育者の「やる気」を有効に導くのである．教育的関係は被教育者の側の模倣活動によって成り立つのであり，教育者が教育意図をもっていても，被教育者が教育者を信頼も尊敬もしていない場合，教育的関係は成り立たない．

意識的自己形成に対する教育的はたらきかけである「やる気」を起すという具体的方法論は技術的方法ではなく，教育的関係における「心のつながり」なのである．教育者と被教育者の間に「心のつながり」が成立していて，教育者自身が真摯な態度で意識的自己形成活動を行っている場合，被教育者は主体的にそのような教育者の態度や活動を模倣したいという欲求をもち，自発的に意識的自己形成を行うようになるのである．

(3) 両者のバランス

教育者の被教育者に対する教育的はたらきかけにおいて，被教育者の無意識的自己形成と意識的自己形成に対する教育的はたらきかけのバランスは重要な意義をもってくる．教育者が非教育者に対して行う意図的な教育的はたらきかけの中心になるのは，無意識的自己形成に対するはたらきかけである．というのは，無意識的自己形成を行っていること自体に被教育者は気づいていない場合が多く，被教育者の無意識的自己形成が行われるような意図的はたらきかけの主体性は教育者の側にあるからである．それゆえ，教育者は被教育者の無意識的自己形成の促進のための教育を意図的に行うと同時に，被教育者自身の意識的自己形成を促進させるために教育者自身が真摯な態度で意識的自己形成を行っていて，それを被教育者が模倣したいという欲求が生じてくるような教育的関係が成立していることが必要なのである．つまり，被教育者の無意識的自己形成は教育者の意図的な教育活動によって導かれ，被教育者の意識的自己形成は教育者の意図的はたらきかけの結果としてあらわれてくるものではなく，教育者自身の模倣的欲求によって成立してくるのである．

現在の学校教育で行われている「支援の教育」はこの点においても誤ってい

るのである．現在の学校（とりわけ小学校）において行われている支援の教育は子どもたちの「やる気」を尊重するものであり，それは意識的自己形成を促進させることを目的にしている．しかし，他人から与えられた形で生じてくる「やる気」は主体的な活動を導くことはできない．むしろ単なる模倣活動（しかも，主体的な模倣ではなく，強制された模倣活動）としての「やる気」にすぎない．子どもたちが主体的に模倣したいという欲求をもてるような教育的関係をつくり上げることなしに，真の支援の教育はありえない．現在の小学校における支援の教育は単にわがまま勝手な子どもたちをつくり出して，それを主体性のある子どもだと思い込んでいるにすぎない．

　基礎基本を教えることは小学校教育の使命であるが，それよりももっと大事なことは，教師を信頼し尊敬できるような人間関係が教師と子どもの間に成立させることであり，そのためには，誤った支援の教育を一日も早くやめ，教師が子どもたちから真に信頼され，尊敬されるような専門性を確立し，教師自らが意識的自己形成を行う姿を示すことによって，子どもたちの側から主体的に「先生を模倣したい」と思わすことができるようにならねばならない．

　「やる気」は強制的に他者からもたせることはできない．被教育者自身が「やる気」をもつこと自体，主体的なものである．そのような主体的な「やる気」は教育者に対する信頼と尊敬なしでは成立してこない．この点を教師はもっと真剣に考えなければならない．

4. 自己形成の人間形成的意義

　自己形成は人間の生涯にわたって行われ続けるものであり，それゆえに，人間が教育的有機体である根拠になるものである．そこで，このような自己形成が成人期以降においていかなる形で進められていくかについて考察したい．

（1）成人後の人間の変化・発達

　教育は年長世代から年少世代への文化の伝達であるとする教育についての考え方からすると，年少世代にいる子どもが成長・発達を遂げて年長世代になると教育は終ってしまう．しかしながら，年長世代になってからも人間の自己形成は続いていく．それは人間が生涯教育的有機体であるからである．つまり，人間はおとなになっても，自己形成を続けていくのであって，生涯にわたって

教育的有機体としての特徴をもち続けるのである．

　年長世代としておとなが自己形成を続けているからこそ，年少世代に対して教育的はたらきかけを意図的にも無意図的にも行うのである．人間のもつ本質的機能としての自己形成活動が他の人間（とりわけ，年少世代）に対する教育的はたらきかけとなってあらわれてくるのである．人間は成人後，既存社会において自らの生活を構成していく．おとなとして自らの生活を構成する過程において，自らの子どもたちに教育活動を必然的に行うのである．これは必ずしも教育意図によって導かれるのではなく，自己自身の生活を向上させようとする自己形成的活動のあらわれとしての教育活動なのである．つまり，親自身において教育意図がなくても，子どもの側には多少なりとも親に対する信頼と尊敬の感情をもつようになっている場合，親からのはたらきかけを自然に受け入れようとする子どもの自己形成によって，世代間の教育が成立してくるのである．成人後の人間の変化・発達は生理的発達の観点からいうと，老化の進行過程になるのであるが，人間の成人以降の変化は文化的な発達の側面が強くあらわれてくる．これも人間の成長・発達の一つの特徴である．人間は成人してからも文化的価値を新たに形成し続ける可能性をもっているのである．それは人間がそれまでに経験してきたものを基礎にして新たな文化を創造していこうとする能力をもつからである．

　年少世代にいる間は，人間は年長世代から意識的にも無意識的にも年長世代からさまざまの教育的影響を受け続けるのであるが，そのような教育的影響を受けるのは人間のもつ自己形成によって実現しているという事実から判断すると，年長世代になった人間も自己形成を続けていくことは明らかであり，そこに新しい文化の創造が行われるのである．また，成人後の自己形成は特に意図的に教育されるのでなく，成人同士の影響の相互授受が社会生活を通じて行われていく．つまり，人間は成人後も教育的有機体としての性質をもち続けるのである．

（2）　教育者から解放された人間の人間としての発達

　年長世代になったおとなは他者から自分の意思に反して強制的に教育されることはない．常に自らの主体性に従って自己活動をすることができるのであるが，人間社会において社会生活を行う人間は他者に対して互いに迷惑をかけな

いような意識としての道徳意識を生成する．人間にも動物的要素が存在しているために弱肉強食的な行動や考え方をもつ場合がある．しかし，人間はそのような自己を常に反省的に捉え，人間独自の弱者救済的な考え方を無意識のうちにもつようになる．これは他者から教えられるのではなく，自らの生活体験から自然にもつようになる「人間らしさ」の根拠である．このような意識も自己形成によって生まれてくるものであって，幼いとき親から教えられて身につけた考え方ではなく，人生でさまざまの経験を通じて次第に身についてくるのである．

　親や教師からさまざまの道徳的考え方を教えられた時，子どもはそれらを知識としては受け入れても，自分の主体的行動の基準として定着できることは少ない．しかしながら，成人してさまざまの経験からそのような道徳的な考え方が自己形成的に生成してくるのである．つまり，人間は成人後，教育者から解放されてから主体的に人間らしさの根拠になる道徳性を養っていくのである．このような道徳性の生成は自己形成によらなければ成り立たない．それゆえ，世代間の関係が正常な社会においては，人間は年齢を重ねるに従って次第に道徳的になり，年少者に対してさまざまの教育的影響を与えるようになるものである．それゆえ，高齢者は年少者から常に尊敬を受けるようになるものである．これは人間が生涯にわたって自己形成を続けるとともに，そのような高齢者を常に尊敬の念をもって年少者が対応することによって成立してくる．

　現実の日本社会においてはこのような高齢者に対する尊敬の念は次第に失われようとしている．これは社会そのものが若者中心の社会になり，高齢者を社会の厄介者とみなすようになってきているからである．高齢者の真の価値を認めるような社会にしなければ日本社会の未来は存在しないのではないだろうか．

（3）　高齢者のもつ教育能力を成立させるもの

　高齢者は年長世代の後期に属する人々である．年長世代は年少世代に対して教育的影響を与えるのであるが，高齢者は年少世代に対してと同時に年長世代前期の成人期の人々にも教育的影響を与える．世代間の教育は被教育者の立場に立つ世代が教育者の立場に立つ世代に対して信頼と尊敬の念をもつところに成り立つ．それは被教育者が教育者からの影響を自己形成によって受け入れるときに教育が成立するのと同じ構造をとる．しかしながら，現実の日本社会に

おいては，高齢者は介護の対象であり，信頼と尊敬の対象として認識されていない．それゆえ，若者たちは高齢者から何らかの価値あるものを求めたいと考えるのではなく，弱者として救済することのみを教えられて成長してきているために高齢者に対する尊敬の念をもつ若者は少ない．生涯学習活動として，高齢者に情報教育の名のもとにパソコンの操作の教育をし，高齢者の能力のなさを思い知らせるような残酷な生涯学習が存在するべきだろうか．高齢者は自らの経験で十分に情報を利用できるすべをもっている．いまさら高齢者がパソコンを使う必要性はどこにも存在しない．パソコンの操作を習得しなければならないのは，情報処理の方法を全く知らない年少世代の人々だけである．情報に振り回されている現代人はパソコンの操作という点において最も劣っている高齢者に対して尊敬の念をもたないだけでなく，高齢者自身年長世代としての自信を失ってしまうのである．

このような社会において高齢者のもつ教育的影響力は成立しない．教育的関係は基本的に被教育者の立場に立つ者が教育者の立場に立つ人に対して信頼と尊敬の念をもつところに成り立つものである．現代人は情報教育に振り回されることなく，正常な人間教育の立場から高齢者の能力を再評価しなければならない．少子高齢化社会が問題にされるのも，高齢者の能力を無視した結果である．人生50年の時代から80年の時代に変化しているにもかかわらず，高齢者が保護と介護の対象であると考えること自体時代錯誤である．高齢者の自己形成から導かれる教育力と文化創造力を再評価し，社会的に活用できるような社会の構造改革こそが必要であり，それは高齢者に対する信頼と尊敬の感情をすべての人間がもつことによって実現されるのである．

第4節　個性化と社会化

1.　「人間が人間になる」ことの意義

「人間は教育によってはじめて人間となることができる」（清水清訳『カント，人間学・教育学』玉川大学出版部，1963年，335頁）というカント（I. Kant, 1724～1804）の言葉が示すように，人間は人間社会においてさまざまな教育的影響を受けることによって一人前の人間へと成長していく．このさまざまの影

響とは年長世代（親や教師）からの意図的な教育的はたらきかけだけでなく，社会生活を通じて生活ルールや慣習を無意識の間に体験的に受け取ることによる影響などが含まれている．これらの影響が教育的影響となって年少世代に加わってくるのは，年少世代にいる子どもたちが教育的有機体として意識的にも無意識的にも自己形成を常に行っているからである．それゆえ，人間社会においてはすべての人間は人間になるとナトルプ（P. Natorp, 1854～1924）も指摘している．人間社会に人間が適合していくのは人間が社会的動物であるからであって，その社会への適合は社会からのさまざまの影響を受け入れることによって自己形成を遂げていくことと同時に実現していくことである．

教育的有機体としての人間は自己形成によって自己としての人格を確立しながら，既存の人間社会の一員として社会的役割を担うようになる．つまり，人間の自己形成の内容は個人的側面の充実と人間社会における社会的側面への対応能力の調和としてあらわれてくる．しかしながら，この個人的側面と社会的側面は必ずしも調和的に発達してくるものではなく，むしろ互いに矛盾しながらあらわれてくることが多い．それゆえ，人間は成長・発達の過程で，さまざまの問題に直面し，思い悩み，葛藤するのである．このような自己矛盾を自ら解消することによって生じるエネルギーが人間の成長・発達を押し進めることになる．

何の問題にも思い悩むことなしに，人間の成長・発達は成立しない．それゆえ，教育的立場に立つ人間はこのような成長・発達の本質を理解し，常にユーモアの感情を教育的関係にもち込む必要がある．ユーモアの感情は人間の自己矛盾を解消するのに不可欠の要素である．ユーモアを解せない人間は教育者には不適格である．ユーモアこそが人間らしさを生み出す原動力になることをわれわれは認識しなければならない．

2. 社会的動物としての人間の特殊性

人間という社会的動物は社会化するために教育されなければならない．たとえば，社会化の基礎であるコミュニケーション能力も，教育と学習によってはじめて成り立つものである．しかもこの社会化は自己形成によって自己意識の明確化が進む過程で生じてくるものであるから，社会化している人間は個性

化している人間でもあるということができる．つまり，人間は社会的存在になるためにさまざまの影響を自己形成によって意識的にも無意識的にも取り入れるのであるが，そのような自己形成の過程は同時に個性化の過程でもある．それゆえ，社会化と個性化が同時に進んでいくことによって，人間はしだいに自己矛盾的存在になっていくのである．社会化することによって個人としての欲求を自制しなければならないが，個人性の内容がますます充実してくるにつれて個人的欲求は強くあらわれてくる．

人間は他の動物のようにもって生まれた本能的要素に導かれた社会的動物ではなく，自己形成に伴って次第に自己意識が明確化してくるために，その自己意識の明確化に応じて個人性と社会性が顕著にあらわれるようになり，そこに矛盾が顕在化してくるのである．それゆえ，社会的動物としての人間に対する教育は単に知識や技術を教授するだけでなく，このような個人性と社会性の矛盾を克服するための教育がその内容に含まれなければならない．その結果，人間教育には，必然的にその中心的要素として道徳教育が含まれなければならなくなるのである．

人間はさまざまの教育的はたらきかけや社会的影響を通じて個人性と社会性を発達させると同時に，個人性と社会性の矛盾を感じるようになる．そして，個人性と社会性の自己矛盾を感じるようになって，現実の人間社会のあり方についても考えるようになってくる．これこそ社会的存在としての人間の特有の能力であり，他から強制されるのではなく，自ら主体的につくり上げていく道徳性のはじまりなのである．それゆえ，教育的はたらきかけは単なる知識・技能の伝達だけではなく，常に個人性と社会性の対立・矛盾を調和・解消させるための道徳教育的要素が含まれなければならないのである．

人間関係を正常なものに保つことは，社会的動物としての人間が常に心がけなければならないことである．道徳的ルールは法律や規則と異なって，外的な強制力はない．道徳的ルールとは個々の人間が自発的に人間関係を維持するためのルールとして経験的につくり出してきたものであり，それぞれの人間集団ごとに存在する．それは個人性と社会性をもつ人間の集合体において自然に発生してきたものであり，個々の人間が自らの発達に伴って必然的に生じてくる個人性と社会性の矛盾を解決するための常識となっているものである．

このような道徳的ルールを生成させる人間の道徳性について考察することにする．

3. 道徳性の生成

　人間が集団生活するところに道徳的ルールが生成することを明らかにしたが，人間自身の道徳性はいかなる形で生成してくるかを明らかにしなければならない．人間と他の動物の相違点をどこに置くかについては，さまざまの見解があるが，一つの見方として道徳性に置くことができる．つまり，一般の動物における弱肉強食という自然のルールが人間においては弱者救済というルールになるのは，人間の自己形成過程において道徳性も生成してくるからである．

　道徳性は人間の自己形成の過程で個人性と社会性からなる自己意識が明確化してくることによって生じる葛藤体験から生成してくる．人間は成長・発達に伴って他の動物に比較にならないほど強い価値的欲求をもつようになってくる．そのような強い価値的欲求とそこから生じる価値葛藤体験の結果，価値的欲求水準の上昇が次第に起ってくる．このような過程で，人間独自の自制心というものが生成してくる．価値を求めるということは結果的に弱肉強食の状態をつくり出すことになるのであるが，人間は他者の立場に立つことができるため弱者の気持を理解することが可能である．弱者の立場を理解することから弱者救済の考え方は容易に生まれてくる．弱者の立場に立って弱者救済の考え方に到達するとき，人間は「自制」の重要性に気づくのである．つまり，人間は自己形成を遂げていく過程で個人性と社会性の自己矛盾に直面することによって，おのずから自制することの必要性を感じるようになるのである．

　このような状態は他者からの道徳教育によらなくても，自己形成によって個人性と社会性の自己矛盾を実感することによって自然にあらわれてくるものである．人間はいかなる道徳教育を受けなくても，自然に自己形成するうちに道徳性が生成してくるのであり，この点から人間の性善説が唱えられる．しかしながら，人間は弱肉強食という自然界のルールを認めようとする動物的側面から完全に脱却することは必ずしも容易なことではない．そこで，人間は常に葛藤しながら社会生活を行っていかなければならないのである．人間における価値葛藤体験は道徳性を発展させるために重要な意味をもっているが，個々の価

値葛藤の場においては誤った価値選択を行う可能性もある．そこで，必要になってくるのが道徳教育である．最後に道徳教育の必要性について考察することにする．

4. 道徳教育の必要性

　道徳性は人間の自己形成に伴って自然に生成してくるのであるが，それだけで，すべての人間が道徳的になれるとは限らない．そこで，意図的な道徳教育が必要になってくる．意図的な道徳教育としては，親によって行われる道徳教育と教師によって行われる道徳教育がある．それぞれについて明らかにしていきたい．

（1） 親による道徳教育

　道徳教育の基礎になるものは家庭において親によって行われる道徳教育である．家庭は子どもが最初に教育的影響を受ける場であり，しかも，親は基本的に子どもに対して愛の感情をもっているものである．愛情をもつ親によってつくられた家庭には基本的に道徳的雰囲気が生成してくるものである．そのような道徳的雰囲気において子どもは道徳性の基礎が養われてくる．親は子どもとの生活において自らの経験から道徳的な生活ルールを教えようとする．この場合の道徳的な生活ルールは必ずしも正しい道徳観から導かれたものばかりではない．ここに親による道徳教育の問題点がある．親による幼い時期からの道徳教育は道徳的雰囲気をつくり出すという意味では重要であるが，道徳的判断力を導く親の道徳的知性が正しいかどうかは分からないからである．ただ幼児期までの道徳的雰囲気はその後の道徳性（特に道徳的心情）の発達には大きく影響する．この道徳的雰囲気は人間の個人性のあり方に影響を与える．つまり，家庭において親による道徳教育は人間としての個人性の伸長に重要な影響を与えるのである．

　このような意味において，幼児期までの子どもの家庭が愛情豊かな道徳的雰囲気に満ちているかどうかが，子どものその後の道徳性の発達にきわめて大きな影響をもつということができる．しかしながら，現在の日本社会において，零歳児保育園に子どもを預け，子どもとの心のつながりを十分にもつことができない家庭がいかに多いことであろうか．このような家庭において子どもの正

常な道徳性を発達させることはほとんど不可能である．親の道徳教育の重要性に一日も早く社会全体が気づくことによって，家庭教育のあり方を根本的に考え直さねばならない時期に来ている．

(2) 教師による道徳教育

学校は基本的に知育の場であり，集団生活の場である．この学校において行われるべき道徳教育は家庭において十分に行えない道徳教育である．すなわち，正しい道徳的判断力を導ける道徳的知性の育成と，集団生活における生活ルールの体験的教育である．学校の教師は基本的に教育専門家であり，正しい道徳的判断力を行える道徳的知性をもっていなければならない．そして，道徳的に正しい生活態度を常にとることによって，生徒に模範を示さなければならない．道徳的生活態度をもたない教師は教師になる資格はない．教師が生徒に与える教育的影響は意図的教育作用によって行われるものだけでなく，教師自身の生活態度によるものが多い．それは学校という集団生活の場において教師自身が生徒集団にいかにかかわるかという具体的な態度を，生徒が信頼と尊敬の気持で模倣したいと思えるような人間関係において実現していくものである．

とりわけ，家庭教育が崩壊状態にある現状から，学校における教師の模範的態度は教師の最も重要な基本的態度であるということができる．そして，家庭において十分に行われていない道徳教育を積極的に導き，基本的生活習慣づけを行わなければならない．さらに，学校における集団生活のルールを尊重することによって人間としての個人性と社会性を正しい方向に導く重要な意義を体験的に子どもに知らせることが必要である．

教師による教育的はたらきかけは意図的でなければならず，教師自身も自らの行為を意図的に道徳的方向へ向かわせなければならない．本音で生徒と接し，生徒を正しい方向に向かわせることができることが理想であるが，現実には不可能な場合が多い．教師は生徒に対して道徳的模範になるための意図的努力を常に行わなければならない．それを行うことが教師の使命である．

学校における道徳教育は子どもの社会性の伸長だけでなく，家庭での道徳教育の不足を補わなければならない．本来，親による道徳教育が子どもの個人性の伸長にかかわり，教師による道徳教育が子どもの社会性の伸長にかかわることによって子どもは主体的な道徳性を自ら発達させていくことが可能になるの

であるが，現状では，教師は子どもの個人性と社会性のバランスを踏まえ，総合的に道徳性の啓培にかかわらなければならないのである．

参考文献

- 田井康雄編『新実践教育原論』学術図書出版社，1995 年
- 田井康雄編『教育職の研究』学術図書出版社，2001 年
- 田井康雄著『道徳教育の原理と指導法』学術図書出版社，1999 年
- 佐藤熊治郎著『自発性の原理の展開』玉川大学出版部，1977 年
- 清水清訳『カント　人間学・教育学』玉川大学出版部，1963 年

第2章

教育概念の分析

第1節　教育者と被教育者から見た教育

1. 教育者から見た教育

　教育は教育者と被教育者の間にある教育的関係から成立してくる．教育的関係において教育者は何らかの教育的意図をもって被教育者に対応する．この場合，被教育者自身は教育されている意識は必ずしもない．つまり，教育的関係が成立する一つの場合として教育者の教育意図をあげることができるのである．

　このような考え方から教育を捉えたのが，ヘルバルト（J. E. Herbart, 1776～1841）である．ヘルバルトは教育者の意図的な教育的はたらきかけのみを教育と考え，その教育の目的を倫理学に方法を心理学に求めることによって教育学を学問として成立させた．それまでの教育思想家は教授法を中心に考察するかその対象である子どもの成長・発達の構造を中心に考えるのが一般的であったが，ヘルバルトは当時の教育実践家であったペスタロッチー（J. H. Pestalozzi, 1746～1827）の教育実践を哲学的に理論づけようと行った研究から教育学が成立したのである．教育的はたらきかけを意図的に行う場合，教育者は教育する目的を善とのかかわりをもつものにしなければならない．そこで，教育目的については倫理学的な研究が必要になってくる．ヘルバルトは教育の最高の目的を道徳的品性の陶冶としている．

　さらに，ヘルバルトは教育的はたらきかけが被教育者の成長・発達の状態に合わせて行われなければならないとしている．そこで，被教育者の成長・発達

の状態を研究する心理学は教育方法論を導く根拠になると考えたのである．ヘルバルトの四段階教授法（明瞭・連合・系統・方法）は人間の概念習得の過程（静的専心・動的専心・静的致思・動的致思）に対応する教育方法である．ヘルバルトのこのような被教育者の学習能力に合わせて教育的はたらきかけを考えるというのが児童中心主義教育理論の基本的構造なのである．

　教育者が意図的な教育を行うとき，必然的にそこには教育目的と教育方法があらわれてくる．教育学とはこのような教育者の意図的教育という教育実践を導くための理論研究として成り立つとヘルバルトは考えたのである．

　しかしながら，教育的関係においてあらわれてくる教育は教育者が行っている意図的教育というよりも，むしろ被教育者の側が教育的影響を受け取ったかどうかによって考えるべきであるとする考え方がある．それについて考察する．

2. 被教育者から見た教育

　児童中心主義教育の立場から考えるなら，教育的影響が成長・発達にいかにあらわれてくるかが問題である．そこで，教育を被教育者の成長・発達に対するあらゆる影響と考える考え方が成立してくる．このような考え方で教育概念を定義したのがクリーク（E. Krieck, 1882〜1947）である．クリークによると，教育者の教育意図とは無関係に被教育者に成長・発達に加わる影響がまさに教育なのである．このような立場から，教育概念に機能的教育や無意図的教育というものが成立してくる．

　機能的教育とはクリークによって考え出された概念であり，社会機能としての教育のことである．つまり，社会的存在である人間は人間社会においてはじめて人間としての能力を発展させることができるような機能を社会そのものがもつとする考え方である．個々の社会には社会固有の機能的教育があり，それぞれの社会において成長してきた人間には，その社会で生活するために必要な能力がある程度自然にあらわれてくる．この典型的なものが言語習得（とりわけ，方言習得）や社会的習慣づけである．もちろん言語や社会的習慣は意図的に教えられたり，意図的に学習したりもするが，教える側も教えられる側も無意識に教授・学習していく部分もある．それが人間社会のもつ機能なのである．これこそが機能的教育なのである．

ここで問題になってくるのは，社会の個人に対する影響には必ずしもよい影響ばかりではない点にある．現実の社会にはさまざまの矛盾があり，その矛盾からの悪い影響が子どもの成長・発達に加わる場合，それを教育的影響ということにはきわめて大きな問題がある．

さらに，もう一つの問題がある．それは人間が教育的有機体であるという問題である．個々の人間が個性をもち独自の成長・発達を遂げていくという事実から，機能的教育はむしろ被教育者のもつ自己形成力によって生じてくる現象と捉えることができる．このような考え方は教育者の意図的教育についても当てはまるのである．教育者の意図的教育が被教育者の成長・発達に影響を与えるかどうかは，被教育者の自己形成によって決まるということもできるのである．

以上のような点から，教育者から見た教育と被教育者から見た教育の関係について考察を続けたい．

3. 両者の関係

教育的関係において，教育者から見た教育についても，被教育者から見た教育についても現実的には区別されるものではなく，同一の教育活動を視点を変えて捉えたに過ぎない．児童中心主義教育の立場から教育を考える場合，意図的な教育的はたらきかけも環境からの自然の影響もともに，教育的有機体としての人間が行う自己形成によって受け入れるところに教育が成立してくるのである．つまり，教育とは教育的はたらきかけを行う教育者と教育的影響を受ける被教育者の教育的関係において成立してくるものであるが，それぞれの立場において教育の捉え方が異なってくるという問題点を解決するために，被教育者を教育的有機体と捉えて，その自己形成の機能から教育を問題にすることによってそのような矛盾点が解消されてくるのである．

教育者の行う教育は実は被教育者が教育的影響を受け入れることを可能にするようなはたらきかけでなければならない．その意味で教育者は被教育者との心のつながりを重視し，教育的はたらきかけが被教育者の自己形成によって積極的に受け入れられるようにする教育的配慮が必要になってくる．このような教育者の教育的配慮を導くのが教育愛であり，教育愛が教育者と被教育者の間

に生じる矛盾を解消するのである．教育者が教育愛を無視して，教育を合理的に分析・構想していくようなコンピュータによる教育には限界があるのは当然である．さまざまの被教育的要素をもっている人間が行っている教育には非合理的側面が含まれるのが当然であり，非合理的側面を考慮に入れて教育的はたらきかけを考察していくために教育愛はきわめて大きな意義をもつのである．

　教育は被教育者自身の自己形成のあらわれであり，教育者自身は被教育者の自己形成の促進にのみかかわることができるのである．それは唯一教育愛によってのみ実現することができるのであり，しかも，教育愛のみが人間によって実現できる要素なのである．コンピュータ教育のみが教育であるように考える人が多いが，コンピュータはあくまで道具に過ぎない．道具に振り回される教育は教育ではない．教育関係者はこの点を忘れないようにしなければならない．

第2節　文化伝達としての教育

1. 年長世代の自己形成

　教育は年長世代から年少世代への文化伝達であるという考え方は，シュライエルマッハー（F. D. E. Schleiermacher, 1768〜1834）からパウルゼン（F. Paulsen, 1846〜1908），さらには，シュプランガー（E. Spranger, 1882〜1963）に受け継がれ，文化教育学として結実していった．年長世代に属するすべての人間が教育者であるとはいえないにもかかわらず，年長世代が教育者的立場に立つのはいかなる理由によるかについて考察することにする．

　年長世代とはおとなの世代であり，おとなとは未来志向性をもつようになった人間である．未来志向性をもつ自己活動とは訓練であり，それに対して，現在志向性をもつ子どもの自己活動とは遊びである．教育的はたらきかけは子どもの自己活動を現在志向性から未来志向性へと導くことである．

　年長世代の自己形成は文化的価値をさらに維持・発達させるために，自己訓練するだけでなく，そのような文化的価値を年少世代に伝達することによって文化的価値を広めようとする．そこに，世代間の教育があらわれてくる．年長世代が年少世代に文化的価値を伝達しようとするのは，既存社会に年少世代を

適合させようとするからである．人間は社会的動物であるから，年少世代を自ら生活する既存社会の構成員にするために文化を伝達するのである．ただこのような文化の伝達は必ずしも年長世代の一方的な教育意図に導かれるだけでなく，年少世代の年長世代に対する模倣欲求によって実現してくる．つまり，年少世代の自己形成によって年長世代のもつ文化を取り入れたいという欲求が実現してくるのである．

　年長世代の自己形成は自らのもつ価値や文化を前提にしてそれらをさらに発展させようとするものであるから，その過程において必然的に教育作用を含みもつのである．また，年長世代は人生におけるそれまでのさまざまの経験が確固たる価値観として確立している場合が多く，他者から影響を受けるよりも，他者に影響を与える可能性のほうが高くなっているのである．その結果，人間社会における相互影響授受の過程で年長世代は必然的に教育者的立場に立つようになるのである．

2. 年少世代の自己形成

　年少世代の自己形成はまだ確固たる価値観の確立していない状態における自己形成であるために，他者からの影響の可能性は高い．また，年少世代は既存社会において共同生活する過程で自ら社会化していく必要性があり，年長世代からの意図的な教育的はたらきかけを必要としているのである．たとえば，言語や社会的習慣は既存社会で生活していくうえで不可欠の要素であり，それは年長世代が教えようとする以上に年少世代にとって学習する必要性が高いものである．年少世代がこのような自己形成を行っているために世代間の教育は結果的に自然に成立してくるのである．

　年少世代の現在志向性をもつ自己活動そのものに未来志向的要素を付け加えさせるための年長世代からはたらきかけによって年少世代の自己形成が成立してくるのであるが，年少世代にいる子ども自身そのようなはたらきかけを最初は受け入れようとしない．現在志向性から未来志向性への変化は年少世代にいる子ども自身の意識のなかで自然に起ってくるものである．それが子どもからおとなへの意識の漸進的な変化なのである．世代間の教育はこのような年長世代と年少世代のそれぞれの自己形成の相互関係においてあらわれてくるのであ

り，教育的有機体としての人間が人間になる過程なのである．

　年少世代の自己形成は現在志向性に導かれた自己活動を行っているときは，ほとんど意識的に行われることはない．自己活動に未来志向的要素が加わるにつれて，意識的な自己形成がしだいに行われるようになってくるのである．意識的自己形成には目的が必要であり，その目的そのものが未来的要素を含むようになってくるのである．自己形成の目的に未来的要素が加わり始めると，年少世代にいる子どもにおとな的要素が加わってくるのである．年少世代から年長世代への移行は現在志向性から未来志向性への変化であり，さまざまの自己形成を繰り返すことによってしだいに実現してくるのである．

　以上のような年少世代から年長世代への変化が起ってくるためには，世代間の教育が十分に成り立っていなければならない．そのための条件について考察することにする．

3. 世代間の教育を成り立たせるもの
(1) 年長世代の年少世代に対する愛情

　世代間の教育が成り立つ基本的要素は世代間の人間関係であり，とりわけ，教育者的立場に立つ年長世代が年少世代に対して愛情をもって接することは，世代間の人間関係を成り立たせる基本的条件である．親子の教育的関係があらゆる教育的関係の基礎であり，もっとも教育効果を高めるのは親（とりわけ，母親）の子どもに対する自然の愛情である．教育は愛を基礎にするところに成り立つものであり，世代間の教育についても，年長世代の年少世代に対する愛情豊かな対応が世代間の教育を成り立たせる基礎になる．正常な人間関係を成り立たせる愛情と教育的関係を成り立たせる愛情は必ずしも同一のものではない．年長世代が年少世代に対して教育的関係を成り立たせる愛情は教育的な愛情であるアガペー的側面をもたなければならない．

　人間が人間として教育的有機体であるためには，他人に対してアガペーをもっていなければならない．他人のために自らを犠牲にし，他人の利益のみを求め，いかなる返礼も求めないアガペーが教育には必要不可欠なのである．教育者が被教育者に対して行う教育的はたらきかけはこのような無私の愛によってはじめて成り立つのである．年長世代は年少世代が次の社会を維持し，さら

に，発展させていくという人類的使命を果してくれるという希望をほとんど無意識のうちにもつことによって無私の愛が成立してくるのである．このような意味において，人間のもつこのような次世代に対する教育欲求は人間の種としての本能なのである．

近年このような人間の種としての本能を無視するような学説や情報に振り回された一部の人間が人間として考えられないような行動をとる例が報道されるが，これは種としての人間の本能としての教育愛を否定する誤った考え方から導かれたものである．

年長世代から年少世代への愛情はほとんど自然にあらわれてくるものである．われわれ人間は幼い赤ん坊を見れば本能的にかわいいと感じる．しかし，理性的な目で赤ん坊を見れば，かわいいという感じ方ではなく，むしろグロテスクな感じさえする．このような点からも，世代間の教育についても教育愛が大きく影響していることを，われわれは認識しなければならないのである．

(2) 年少世代の年長世代に対する尊敬心

年長世代が年少世代に対して自然に愛情をもつとき，年少世代は年長世代に対して信頼と尊敬の念をもつようになる．これが世代間において生じる正常な人間関係であり，教育的関係の基礎になるものである．年長世代が既存社会の文化を愛情豊かな人間関係のうちに年少世代に伝達できるのは，年少世代のほうに年長世代に対する信頼と尊敬の念が存在しているからである．人間は信頼と尊敬の念をもつ人間に対しては自然に模倣欲求をもつものであり，被教育者的立場に立つ者が模倣欲求をもつことなしにいかなる教育も成り立たない．

年少世代は自己形成によって次第に成長・発達を遂げていくのであるが，その自己形成は意識的にも，無意識的にも年長世代に対する模倣活動に導かれている．したがって，年少世代が年長世代を模倣したいと思えるほどの信頼と尊敬の念をもてるような教育的影響を年長世代から与えられていない場合，世代間の教育は根本的に成り立たなくなってしまう．その意味では，年少世代の年長世代に対する尊敬心は年長世代の年少世代に対する愛情の質にかかっているということもできる．つまり，子どもに対する親の愛情は自然のものであるがそれが親のアガペーではなく，エロースやフィリアに導かれた愛情である場合，子どもの親に対する尊敬心は正常に生成してくるとはいえない．とりわけ，利

己的な経済中心主義に陥っている現在の日本社会においては，アガペーではなく，エロースやフィリアで子どもを愛する親はきわめて多いといわざるをえない．

　利己主義的に年少世代を愛する年長世代に対して，年少世代は信頼も尊敬も感じない．そこに教育的関係は成立しない．現実の日本社会ではこのような利己主義的に年少世代を愛する年長世代（具体的には利己主義的に子どもを愛する親や教師）によるさまざまの教育問題が生じている．このような教育問題は必ずしも年長世代が起す問題ばかりではなく，年少世代が起す問題も含まれている．つまり，教育的関係としての年長世代と年少世代の関係そのものが根本的に崩壊の危機に瀕しているために，年長世代の側にも，年少世代の側にも，それぞれ固有に教育問題を生じさせる危険性が含まれているのである．しかも，それは危険性だけでなく，現にさまざまの教育問題として発生してきているのである．

　以上のような状況を改善するためにも，世代間の正常な教育的関係のための取り組みが望まれる．

(3) 相互コミュニケーション（心のつながり）

　年長世代が年少世代に対して無私の愛をもち，年少世代が年長世代に対して信頼と尊敬の感情をもつことができるような正常な世代関係が成立するとき，世代間の教育が成立するのであるが，現実にはこのような世代関係が成り立ちにくくなってきている．とりわけ，世代関係のうち親子関係の疎遠化が特に問題になっている．零歳児保育園の普及に伴い，乳幼児期から母親が子どもと接する時間が短くなり，親子間のスキンシップすら取れない場合もある．その結果，子どもと親の心のつながりが人生の最初期から疎遠化する状況が次第に増えてきている．そのような親と子の心のつながりの疎遠化は年長世代と年少世代との疎遠化にもつながり，世代間の教育的関係が根本的に成り立ちにくくなってきている．

　年長世代と年少世代は互いに意思の疎通が難しくなり，親子の教育だけでなく，教師と生徒の教育においてもさまざまの問題が起ってきている．これにはさまざまの原因があるが，その根本には親子間の相互コミュニケーションの不成立が大きく影響していることは明らかである．つまり，世代間の根本的な教

育的関係の不成立が社会全体における教育状況を不安定にしているのである．世代間の相互コミュニケーションは年長世代と年少世代の双方が互いに相手に対する信頼心をもつことから成り立ってくる．したがって，親や教師は子どもや生徒に対する信頼を積極的にもつことから始め，年長世代主導で世代間の関係の修復に努めなければならない．年長世代は教育者的立場に立つものであるから，年少世代との心のつながりをつくり出す努力をしなければならない．

　世代間の断絶は年長世代から埋める努力を行わなければ，修復されない．それは年長世代は自らが年長世代であることを自覚できるが，年少世代は自らの世代意識はもてないからである．年少世代は年長世代が自らと異なる世代という意味で認識するものであるから，年少世代としての自己改革能力をもたない．年長世代に属する親や教師は世代間の断絶を率先して修復しなければならず，そのためには，年長世代が教育者としての立場に徹して現在の教育問題に積極的に取り組む必要がある．そうすることによってはじめて年少世代との心のつながりも修復されてくると考えられる．

4. 世代間における意図的教育
（1）親子間における教育

　親子間における教育は教育の原型であり，それは親子間の愛情が教育愛と同様にアガペーだからである．しかしながら，親が子どもに意図的に行う教育的はたらきかけは親自身の体験によって得られた価値観や人生観に基づいて行われるために，必ずしも正しい教育的はたらきかけになるとはいい切れない場合がある．特に乳幼児期から始まる親による教育的はたらきかけを，子どもはほとんど全面的に受け入れるために親から悪い影響を受けることも少なからずある．それにもかかわらず，幼児期の親（とりわけ，母親）からの影響は重要な意義をもつのである．それは親によってつくられる愛情豊かな教育的雰囲気である．親子間の教育の重要性はそのような教育的雰囲気とスキンシップによる精神的安定なのである．親が子どもに意図的に教え込む内容ではなく，そのように親が子どもに教えようとするときに生じる親子間の心のつながりなのである．仮に教える内容は誤っていても，そのときの親の真摯な気持を子どもは全身で受け取るのである．ここに乳幼児期の親による教育の重要性があると同時

に，零歳児保育園の問題点はここにある．この時期は教育内容そのものよりも，教育的はたらきかけによって生じる教育者と被教育者（すなわち，親と子ども）の間の心のつながりなのである．この時期にできた親子間の心のつながりは生涯の親子関係の基礎になる．

この時期の教育については，親に代わることは誰にもできない．それ以降の親子間の教育的はたらきかけについては，子ども自身の主体性によってある程度異なってくる．ただいずれの場合でも，子どもが親から受ける教育的影響はその内容というよりも教育的はたらきかけを続ける人間関係（親子関係）の親密さに依存しているということができる．子どもが親との関係を他の人間関係とは異なる特別なものとして意識するようになるところにある．つまり，親子間における教育は，それが意図的なはたらきかけであっても，無意図的なものであっても，そのようなはたらきかけを成り立たせる人間関係の基礎としての心のつながりが成立していることによって生じてくる精神的安定感と発達意欲である．まさにこのような精神的健康性に親子間の教育が重要な意義をもつのである．

(2) 教師―生徒間における教育

教師と生徒の間の教育は最も意図的・計画的に行われる教育である．教師はそのための専門職としての訓練を受けていなければならない．学校の教育内容は年長世代のつくり上げてきた文化であり，その文化を整理して教材にまとめ上げたものを教育内容として文部科学省は学習指導要領に規定している．国家が教育内容を規定することを批判する人もいるが，これは誤った考え方である．子どもの教育に関する教育権をもつのは，親と国家である．親は自分の子どもを主体的に教育する権利としての教育権をもっている．これは親としての自然権である．また，近代国家は国家の主権をもつ国民を国家の繁栄のために教育する義務と責任をもつという意味での教育権をもっている．親の教育権と国家の教育権を代行しているのが教師なのである．それゆえにこそ，教師は専門職でなければならないのである．

教師の行う教育活動は基本的に学習指導要領に規定されるとともに，教師は生徒の親の教育意図にある程度従わなければならない．しかしながら，特に親の教育意図は必ずしも正当なものばかりではない場合があるので，教育専門家

としての見識で親自身の教育観を吟味する必要がある．親や国家の教育権は基本的には子ども自身の学習権を保障するものでなければならない．教師は子どもの学習権と親や国家の教育権との間の矛盾を解消するために，教育専門家としての職責を果さなければならないのである．それゆえ，教師は自分の個人的信条によって教育に取り組むことは自制しなければならない．なぜなら，教師自身には主体的な教育権は存在していないからである．

さらに，教師は生徒との教育的関係において，常に教育意図をもって臨む必要がある．教育的関係において教育者から被教育者への教育的影響は必ずしも教育者の意図するものばかりではなく，被教育者が自己形成によって受け取る影響に常に注意を払わなければならないからである．教師は自らの意に反した悪い影響が生徒に加わっていないかどうかを確かめるために，自分（教師）自身と生徒の間の関係を常に客観的に振り返り，反省しながら，教育的はたらきかけを続けなければならない．これこそが教育専門家としての教師のとるべき態度でなければならない．教師と生徒の間で行われる教育は，生徒が普段の生活で受けるさまざまの影響をも吟味した上で行われる必要がある．つまり，普段の生徒の生活や教育状況を知ることなしに，教師として正しい教育はできない．それゆえにこそ，教師と生徒の間で行われる教育は教育専門家による教育でなければならないのである．

(3) 社会的人間関係における年長者から年少者への教え

具体的な人間社会において行われている知識の伝達は，必ずしも年長世代から年少世代への一方的な知識の伝達としてあらわれてくるのではなく，さまざまの年長者と年少者の社会的人間関係でのコミュニケーションを通じての知識の伝達としてあらわれてくることの方が多い．社会生活において意味をもつのは経験であり，その経験は普通その社会生活を行う時間に比例して増えてくるものである．それゆえ，経験の少ない年少者は経験の豊富な年長者に尊敬の念をもち，その豊富な知識を模倣したいと自然に思うようになる．つまり，年長世代から年少世代への文化の伝達が成立するための前提として，年少者が年長者に対して模倣欲求をもてるような人間関係が成立していることが必要なのである．

しかしながら，情報化社会の急速な進展に伴って，情報機器に対する技術的

知識は必ずしも年長者が年少者に優越するとはいいきれない状態にある．ここに現在の教育問題の一つの原因がある．情報教育に関する教育については，世代間の教育はむしろ逆転している．情報機器の改良・開発の速度がきわめて速く，情報機器に関する知識に関しては年長者よりも年少者のほうが新しい知識に対応することが速い．その結果，情報機器に関する教育は年少者から年長者に対して行われる場合は珍しいことではない．このことが年長者と年少者の教育的関係だけでなく，年長世代と年少世代の教育的関係にまで悪い影響を与えつつある．つまり，年長者に対する年少者の尊敬意識が失われ，結果として社会全体の世代間の教育までも崩壊の危機に瀕しつつある．

このような社会状況において，高齢者が生涯学習の名の下にパソコンを学習し，小学生にも劣るパソコンの操作習得能力を自覚させられることによって，自らの年長世代としての誇りも捨てざるをえない状態がつくられてきている．パソコンは人間の情報処理能力を補うための機器であり，高齢者はそれまでの人生経験で習得している独自の情報処理能力をもっているのであるから，わざわざパソコンの操作を学ぶ必要はない．いくら情報化社会といっても情報はパソコンによってのみ処理されるものではない．人間はもともと情報を処理しながら人生を経験してきているのである．パソコンを情報処理機器として習得しなければならないのは，年少世代に属す者であることを忘れてはならない．また，情報教育は教育の一部分であり，しかも，人間教育に属するものではなく単なる技術教育であることをすべての人間は今こそ認識する必要がある．

第3節　教育の核としての教育愛

愛のないところに教育は成立しないという基本的考え方をもっていたペスタロッチーは孤児や貧児を集めて愛をもった教育実践を行うことのうちに，自らの使命を発見した．ペスタロッチーが教育実践において感じた愛とはいかなるものであったかを考察していることにする．

1. 正常な人間関係を成り立たせるもの

　人間は社会的動物であるが，生まれつき社会的動物としての能力をもっているのではなく，親や年長者における愛情豊かな教育的はたらきかけによってしだいに教育されていくのである．人間という社会的動物の特殊性は明確な自己意識をもっていることである．このような明確な自己意識をもっていながら，社会的動物になるのは人間のもつ特殊性なのである．

　明確な自己意識は自己中心的な欲求の基礎になる．自己意識そのものはあらゆる動物がもつと考えられる．自己意識があるからあらゆる動物は自己保存欲求という本能をもつのである．自己意識は自己のために価値を求めようとする欲求の基礎になるエロースという愛をもつ．エロースは自己保存欲求の基礎であるからあらゆる動物が本能的にもつ愛である．ただ人間の自己意識は他の動物に比較にならないほど明確なものであるためにエロース自体強くあらわれてくるのである．

　また，人間は社会的動物になるために教育を必要とし，その教育が成立するためには相互の心のつながりが必要になってくる．心のつながりは相互信頼と尊敬の念を生み出すものであり，互いに利益を得るために人間同士の間で協力し合うようになる．このような感情はフィリアという愛によって導かれる．フィリアという愛情は人間固有の愛情であり，人間という特殊な社会的動物を特徴づける愛情である．

　さらに，人間を特徴づける愛として弱いものを助けたいという欲求を導く愛がある．この愛は人間独特というが，人間のなかでも自然にもてる愛ではなく，努力によって得られる愛ということができる．この愛をアガペーという．アガペーはエロースとまったく正反対の愛であり，しかも，人間も常にもてる愛ではなく，エロースを自制してはじめて生じてくる愛である．

　これら3つの愛を人間は使い分けて人間関係をつくり上げているために，人間関係はさまざまな要素をもつことがある．人間としての人格を互いに尊重し，信頼し合える正常な人間関係をつくり，維持するためにはこれらの愛のバランスが必要なのである．それゆえ，人間のもつこれらの愛は本能によって導かれるというよりは，意思と理性によって導かれるところに特徴がある．また，そこから教育的関係も成立してくるのであるが，教育的関係について考察する前

にそれぞれの愛について明らかにしていきたい．

2. 人間関係において生じる3つの愛
(1) エロース

　エロースとは価値愛であり，価値あるものを求める生物としての自然の欲求を生み出させるエネルギーになるものである．したがって，人間以外のあらゆる動物ももつ愛である．ただ人間は他の動物よりも明確な自己意識をもつがゆえに，そのエロースもきわめて強くあらわれてくるのである．その結果，人間は他の動物がもたない価値の総合体としての文化を創り出してきたのである．そして，人間はその文化を伝達する過程で，さらに，価値の内容を豊かなものへと発展させてきたのである．

　しかしながら，エロースはまた個人的欲求をも強めるために，他者を自らの欲求の犠牲にすることまでエスカレートすることがある．その結果生じるのが弱肉強食の社会である．自然界の摂理は弱肉強食である．人間以外の社会では弱肉強食はあらゆる点において前面にあらわれている．人間社会においても，弱肉強食的な側面は否定できない部分がある．それは，人間もエロースをもつ動物としての一側面をもっているからである．しかし，人間は弱肉強食と同時に弱者救済の必要性を感じる．それは社会生活を通じて得られる仲間意識と，そこにあらわれてくる心のつながりによって得られる精神的安心感によって成り立ってくる．このような仲間意識や心のつながりによって得られる安心感は人間同士のフィリアによっているのである．フィリアが人間と他の動物を区別させるのである．人間以外の動物の仲間関係は本能によってのみ導かれるのに対して，人間の仲間意識はフィリアによって導かれるのである．ただそれでも人間の強いエロースのためにフィリアが成立しにくい場合もある．自己中心的でわがまま勝手な人間はエロースの強さのために正常なフィリアが生成せず，エロースに影響されたフィリアしかあらわれてこないのである．そのような人間は自分の都合のよいように人間関係を利用し，自己中心的にしかものを考えられない人間である．

　エロースは人間の生物としての発展を促進する愛であるが，それだけでは，人間にはなれないことを忘れてはならない．

(2) フィリア

フィリアとは相互愛であり、人間を他の動物とは異なる社会的動物にする愛である．具体的には人類愛や兄弟愛，さらには恋愛などとしてあらわれてくる．人間社会において正常な人間関係を成立させるためにフィリアは必要不可欠であり，フィリアによって人間のもつ弱者救済の意識から道徳性が生まれてくるのである．人間のように本能的に社会的動物になれない存在は，常に個人意識と社会意識の矛盾を自己意識のなかにもっていて，その調和のために道徳という社会生活の自発的ルールが必要になってくる．自発的な社会的ルールとしての道徳が成立するためには相互信頼と相互尊敬の意識が成立していなければならず，そこには，フィリアが前提として成り立っていなければならない．

フィリアは愛し愛されたいという欲求を生み出す．愛し愛されたいという欲求の基礎には相互信頼と相互尊敬が成立していなければならない．したがって，フィリアが生成してくる人間関係は正常な人間関係ということができる．そのような正常な人間関係において，フィリアがエロースを自制できる時，人間は道徳的になれる．人間のフィリアはエロースと同様に，意志と理性によって制御することができる．そのような自己制御能力をもったエロースとフィリアが人間を社会的存在にし，人間を道徳的にするのである．

人間は本来本能的要素の強いエロースやフィリアという愛をある程度意志と理性の力で制御できるところに，人間が愛を特別な要素として把握できる宗教的な愛であるアガペーを生み出す可能性が存在しているのである．

(3) アガペー

アガペーとは授与愛であり，他の愛とは根本的に異質な愛である．つまり，人間のエロースもフィリアもともにあるものを手に入れたいという欲求であるとともに，人間に自然に備わってものであるが，アガペーは「与えたい」という授与的欲求であるとともに，努力を要する愛である．つまり，アガペーとは自らには何も求めない無私の愛であり，これは人間存在のもつ動物性を否定することによってはじめて成立してくる愛である．人間存在は外からたんぱく質を取り入れることによって，自らの生命を維持できるのであるが，アガペーはそのような生命の維持を成立させない愛なのである．その意味で，アガペーは神の愛であり，宗教的愛であるということができる．アガペーは愛の対象の利益

のみを考えながら愛することによって成立するものであり，愛することによって愛しているもの自身は何も求めないような愛である．それゆえ，アガペーは一般の生物の生理的欲求につながる愛とは異質な愛なのである．

このようなアガペーが重要に機能するのは，宗教と教育においてである．他者を救済し，他者を苦しみや煩悩から解放するための真摯な取り組みを行う宗教活動と教育活動は，アガペー的な授与愛によってはじめて成立してくるものである．ペスタロッチーが愛によって教育が始まると考えた愛も，アガペーであったことは明らかである．

教育においてアガペーが必要なのは，教育活動を行ったことのある人ならすぐに理解できる．教育者の立場で教育したことが被教育者に習得された時の達成感から得られる満足感は何にも変えられないものである．そこで，教育者は自分に満足感を与えてくれる被教育者との心のつながりができたと確信し，逆に理解できない被教育者に対して裏切られたような気持になる．この場合，教育者は被教育者との間にフィリアの愛情を感じているのであり，それは教育愛とはいえない．なぜなら，フィリアは人間関係を成立させる愛ではあるが，教育者としてはこのようなフィリアを前面に出して考える場合，教育活動に「えこひいき」をすることになってしまう．「えこひいき」をする教育者は被教育者との信頼関係を失ってしまう．なかなか理解できない被教育者のために更なる努力を惜しまず続けることがまさにアガペーに導かれた教育活動なのである．それゆえ，教育愛は返礼を求めない「寂しい愛」でなければならない．教育者は被教育者が立派に成長していくことだけで，満足しなければならない．

ここで，教育愛の構造について考察することにする．

3. 教育愛の構造

以上のように，愛には3つの種類（エロース，フィリア，アガペー）があり，人間はこれら3つの愛を使い分けながらさまざまの生活活動を行っている．そこで，教育活動においてこれらの愛がいかに使われているか明らかにしたい．

教育活動が正常に行われる場合，そこには，まず，正常な人間関係が成立していることが必要であり，それを基礎に教育的関係が成り立ってくるのである．

(1) 正常な人間関係

　教育活動の基礎に正常な人間関係が必要であるのは，互いに相手を信頼し，尊敬できるような人間関係においてはじめて教育が成り立つからである．このような正常な人間関係が成立するためにはフィリアが必要なのである．互いに相手の人格を尊重し信頼し合っているからこそ，教育する側も，教育される側も教育活動にそれぞれの立場で参加できるのである．現実の学校教育において生じている教育問題は，基本的にこのような正常な人間関係が成立していないままで，教育活動を行おうとするところに生じている場合が多い．先にも明らかにしたように，教育は人間と人間の間においてはじめて成立してくるものなのである．ただ，このような正常な人間関係だけで教育的関係は成立しているということはできない．教育的関係が成立するためには更なる条件が必要なのである．

(2) 教育的関係

　教育的関係が成立する基礎として正常な人間関係が必要不可欠であることは明らかになった．相互信頼と相互尊敬の感情が教育者と被教育者の双方に成立し，その上で，教育者の立場に立つ者は被教育者に対してアガペーをもたねばならない．現在，教育者としての専門性の問題が取り上げられていることはすでに明らかにしたが，教育者の専門性のうち最も重要なものが教育愛である．教育者として被教育者にアガペーをもてない教師はその他のいかなる条件や能力が整っていても，教師として不適格である．これはペスタロッチーの教育実践を考えれば明らかなことである．とりわけ，教育者が被教育者に対してもつフィリアは教育愛ではない．教育愛はその基礎の正常な人間関係を成り立たせるフィリアとともに，アガペーを教育者がもたなければならないのである．このアガペーは，先に明らかにしたように，人間が自然にもてる愛ではなく，努力を必要とする愛である．

　それに対して，被教育者の立場に立つ者は正常な人間関係を成り立たせるフィリアとともに，価値あるものを手に入れたいというエロースをもつことが必要である．ただ，フィリアもエロースもともに人間が自然にもつ愛であるから，あらゆる人間はいつでも被教育者になることはできる．しかしながら，教育者になるためには，人間としての自然の愛であるエロースとフィリアだけで

は不十分であり，それなりの努力が必要なのである．そして，その努力の中心はアガペーをもつ努力なのである．アガペーをもつことができない人間は教師にはなれない．

　教師になった人間は生徒に対して常にアガペーを意識的にもつ努力をするとともに，そのアガペーを実現するためにのみ教育内容としての文化を習得する自主研修にエロースを用いねばならない．つまり，教師は自らの愛を意図的に制御できることが必要であり，それが教師にとって最も重要な専門性でなければならない．

　このように教育愛とは，教育活動に際して教育者が自らの3つの愛を自己制御して適正に用いるところに生じる総合的な愛である．それゆえ，教育者が教育愛を正当に用いながら教育活動を行えるためには，教育者は自らと被教育者との教育的関係を客観的に反省し，常に教育活動を是正しながら行うことが必要である．

　以上のような教育的関係における教育愛の構造を図示すると次のようになる．

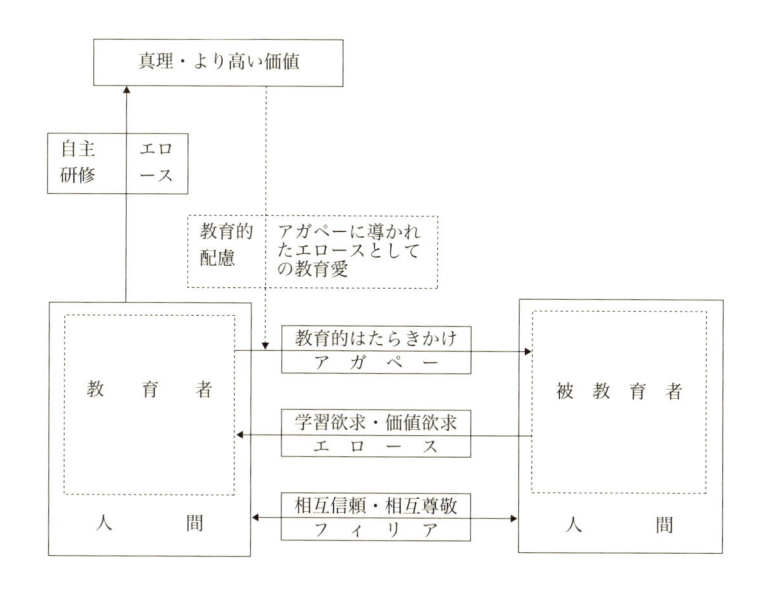

図 2.1

4. 現実の教育問題の根本的原因

　正常な人間関係も教育的関係もそれぞれの関係を構成する人間同士の愛のもち方によって成立してくる．それゆえ，現実のさまざまの教育問題はこのような愛の状況の混乱によって生じてきているということができる．人間は社会的動物であるといわれていながら，その社会的な人間関係が正常に成立しにくくなっているのは，個々の人間が3つの愛のうちのエロースのみに執着しすぎていることに最大の原因がある．経済至上主義の考え方にエロースが結び付き，そのエロースを最も大事なものとしたうえで，フィリアを建前的に用いる生き方をしている人がきわめて多い．このような考え方を親も教師も同様にもってしまうような社会状況にある．このような社会状況において，さまざまの教育問題が起ってくるのは当然である．しかも，そのような教育問題に対しても，カウンセリングなどの対症療法によって対応していくことが教育的な取り組みであると思い込んでいる教育関係者がいかに多いことであろうか．教育問題は対症療法によって解決するものではありえない．いじめや不登校，さらには学級崩壊などという教育問題は根本的に教育的関係の不成立に起因するものである．教育関係者が教育専門家である誇りをもつなら，心理的な対症療法に頼るべきではない．なぜなら，心理的な対症療法は人間関係において自然に解決していく程度の病的状態しか解決することはできないからである．

　教育は人間においてのみ成立するものであり，それは人類がこの地球上にあらわれた太古の時代から綿々と行われてきた人間の営みである．そのような人間の営みとしての教育から生じる教育問題の根本的解決は教育による以外の方法では実現不可能なのである．しかも，そのような教育こそ教育愛に導かれる真の教育でなければならない．

　現在の教育問題の大部分は親や教師の教育愛の不成立に起因している．それは現代社会自体がエロースに導かれた経済至上主義に包まれているために，親も教師もそれとはまったく異質なアガペーを求めようとしないからである．つまり，経済至上主義の考え方を否定することに対する違和感から，心理学的な技術的方法に頼って教育学的な本質論を見失ってしまっているのである．教育関係者のなかにすら，教育愛を問題にしない人がいる．このような人は教育者とはいえない．教育を成り立たせる根本的な教育愛の重要性を再認識すること

は，現代人にとってきわめて差し迫った課題である．

第4節　人間形成の構造

1. 人間形成の概念

教育という概念は人間形成という概念とほとんど同義で用いられることが多い．しかしながら，これには大きな問題がある．根本的に教育とは作用概念であり，人間形成とは目的概念である．つまり，人間形成を目指す教育が真の教育である．

さらに，教育は年長世代から年少世代への文化の伝達であるという文化教育学の考え方からいうと，教育とは年少世代が年長世代になったときに終るという見解が成立してくる．しかし，人間はおとなになっても，変化・発達を続けていくことも事実である．このような誕生から死に至るまでの変化・発達は子どもからおとなへの過程においては成長・発達と呼ぶことができるが，成人してから老年期を通じて死に至る間での過程の時期を成長とはいえないために，変化・発達と呼ぶことが適切であろう．このような生涯にわたる変化・発達の全過程が人間形成の過程なのである．つまり，人間形成とは生物としての成長と老化の過程と並行して，教育的有機体としての自己形成に，年少世代の時期においては年長世代からの教育的影響と，年長世代になってからは相互影響の授受が加わって，人間が社会的存在としての「人間になる」過程であり，さらに，老化から死に至るまでの変化・発達の全過程なのである．それゆえ，人間形成論には基礎研究としての自己形成論と人間の生き方を問題にする道徳理論，さらに，生理的発達と老化の理論が加わらなければならない．

人間形成論は一般の教育論以上に被教育者にその視点を向けて論じる．それゆえ，児童中心主義教育の観点で教育を論じる場合に必然的に人間形成論が成立してくるのである．被教育者の教育的有機性と環境からの影響，それにかかわる意図的な教育作用の関係を，被教育者の変化・発達という観点から捉えていくことによって，児童中心主義教育のあり方を教師中心主義教育のコペルニクス的転回から生じた理論として捉えることに伴って生じる問題点を解消するのである．このような意味において，人間形成論は新たな教育学研究の重要な

視点であるといえる．

2. 人間形成論の構成要素
(1) 自己形成論

　第1章の第3節で自己形成については，すでに詳しく論じたが，ここでは人間形成論とのかかわりで考察を加えることにする．

　人間形成論は人間の誕生から死に至るまでのあらゆる発達段階における変化・発達の構造を被教育者の自己形成の構造から捉えていくことが，基礎的な研究として必要になってくる．人間の自己形成によって自己の変化・発達が環境からの影響と自己自身の意思のはたらきかけだけによって成立するのではなく，生理的変化・発達にも影響されていることは明らかである．人間の自我や自己意識の生成の構造を明らかにすることによって，他者からの教育的はたらきかけのあり方や発達段階に応じた教育，自己意識における個人性と社会性の関係等を解明する手がかりが得られる．

　この場合，特に自己形成を無意識的自己形成と意識的自己形成の二重構造から捉えることによって，教育的はたらきかけや教育制度のあり方をも吟味することが可能になってくる．つまり，自己形成論はまさに教育的有機体としての被教育者の教育対象としての有機性を明らかにするための理論であり，自己形成論研究によって教育のさまざまの理論へと応用していくことが可能になってくる．

　人間形成という観点から人間を捉える基礎理論としての自己形成論は今後より明確に研究される必要がある．たとえば，ある教育的はたらきかけが有効であるかどうかは，その教育的はたらきかけがいかに被教育者に受け入れられるかの構造研究（すなわち，自己形成論研究）によってはじめて明らかになってくる．自己形成論研究を行うことなしに児童中心主義教育を重視することは，単に被教育者の興味・関心を引き，やる気を導くことだけの形式的な支援の教育につながってしまう．しかしながら，自己形成論から見た児童中心主義教育は意識的自己形成を促進する教育につながるが，自己形成論では，それに伴って，無意識的自己形成に対するはたらきかけも考察することになる．つまり，単に興味・関心を引くだけではなく，繰り返し練習や訓練することによって身

についてくる技能についての教育的はたらきかけを考えなければならなくなってくる．

　自己形成論は人間形成を全面的に捉える基礎理論研究であることを教育関係者は十分認識する必要がある．

(2)　人間の生き方を問題にする道徳理論

　人間形成は人間の生涯にわたる変化・発達を問題にしなければならない．「人間が人間になる」過程は単に生物的な発達ではなく，道徳的側面が大きな意味をもってくる．自己意識の明確化の過程は個人性と社会性の発達過程でもあり，その過程において個人性と社会性の間に矛盾・葛藤を次第に著しく感じるようになってくる．そのような矛盾・葛藤によって人間の道徳性は生成してくるのであるが，一方で人間の既存社会への適合過程において，既存社会がもつ生活ルールとしての社会的規範や慣習という道徳が人間を規制する．つまり，人間が社会化していく過程において，人間自身のなかに道徳性が生成してくるとともに，既存社会のもつ道徳によって規制される側面が並行してあらわれてくる．そして，この2つの要素が互いに矛盾するとき，人間は価値葛藤するのである．人間は価値葛藤体験を通じて自らの道徳性を発達させていくのであるが，それ自体（道徳性の発達自体）は無意識に行われていくものである．

　「人間が人間になる」過程において，このような価値葛藤体験を通じての道徳性の発達は人間形成の重要な要素である．道徳性の発達は人間発達の根本的特徴である．人間発達を動物の発達と同じレベルで捉えることは，人間存在の道徳性の側面を捨象することにつながる．それゆえ，人間形成論においては，道徳理論は重要な意味をもつのである．

　「人間が人間になる」ということの内容には，社会化の側面は大きくかかわっている．人間という明確な自己意識をもつ存在が社会化してくるということは自己矛盾的存在になることを意味するとともに，それを克服した具体的あらわれが「人間らしさ」という人間の特徴である．それゆえ，社会化した人間は人間らしい人間になるのである．人間らしい人間とは，動物的側面をもつが，同時にその動物的側面を理性と意志の力によって自制し，人間らしさをあらわしうる人間である．

　以上のような意味において，道徳理論は人間形成論においてきわめて大きな

意義をもち，先に示した自己形成論における意識的自己形成を導く理論でもある．教育理論の中心的意義をもつのが徳論であるというのも，道徳理論は人間の人間らしさの根拠を示す理論である．自然界の摂理である「弱肉強食」を人間世界の倫理である「弱者救済」へと変えるための理論である道徳理論は人間形成論の中心理論でなければならないのである．

(3) 生理的発達と老化の理論

　人間形成において人間という生物の生理的発達の側面は無視できない．人間の理性や意志の力とは無関係に，生命体の維持・発達のための生命体としての機能が人間の自己形成にかかわる部分は無視することはできない．とりわけ無意識的自己形成はこのような生理的発達にきわめて大きく左右される．生理的発達は同時に生理的衰退にもかかわり，その典型的なあらわれが老化である．医学の進歩によって人間の寿命が著しく伸び，老年期の期間がますます延びつつある現在，老化について人間形成論で捉えることは必要不可欠な時代になってきている．

　生理的発達も老化もともに人間の無意識に行われる部分であり，このような人間の生理的変化に対する人間自身の理性や意志がいかにかかわるかについては従来心理学において研究されてきた．しかし，心理学の研究はあまりにも生物学的・生理学的側面が強すぎて，人間の教育学的意義が薄れている．教育学においてこのような心理学的アプローチとは一線を画する人間形成論の立場が重要になってくるのである．

　少子高齢化社会が問題になりつつある日本社会において，老化の教育的意義を明らかにし，高齢者の教育的使命を再確認することは差し迫った現実的課題である．高齢者は人間形成論の最終段階にある人々である．その意味で，高齢者は人間形成の成果であるということもできる．しかるに，現実の日本社会では高齢者は介護と保護の対象としか考えられていない．このような発想で高齢者を捉えること自体が人間形成論的意義を見失っていることになるのである．

　社会的引退が人生の引退であると考えるような時代は過ぎ去った．高齢者は社会の指導的立場にあるという認識があらゆる人間に必要になってきている．高齢者は自分のために生きるというよりは，後続の人々を導くという人類的使命をもつのであり，高齢者の生き方自体が教育的意義をもつことをすべての

人々が認識すべきである．今後，老化の人間形成的意義に対する研究は進められなければならない．そのために一つの試みとしてデス・エデュケーションは大きな意義をもつ．死に至るまでの生の充実のために行う教育であるデス・エデュケーションはすべての教育の基礎になるものであり，「生きる力」の教育や「生命尊重」の教育の真の意味を捉える手がかりになるものである．そうすることによって，生涯学習論自体根本的に変化してくる．現実の生涯学習論は死を人生の終焉として捉えているが，社会的人間としての死は単なる生物学的な意味での死ではなく，文化遺産を次世代に伝えるという教育学的に大きな意味をもっている．

　人間形成論は教育理論全般における基礎研究的意義をもつと同時に，現実の教育現象の根本的構造を分析する応用研究的意義をももたなければならない．このような意味において，人間形成論はいくつかの課題をもつということができる．この点について考察を続ける．

3. 人間形成論の課題
(1) 生涯学習論を導く人間形成論

　人間形成が人間の誕生から死に至るまでの全階梯において展開されていくという意味において，生涯学習論と同じ研究対象をもつということができる．生涯学習論は人間のそれぞれの発達段階において固有の課題をもつという考え方に立ち，その課題を実現するための努力を個々の人間がそれぞれの立場で行っていくための理論である．それゆえ，具体的な人間の自己教育力が生涯学習のエネルギーとなると考えられている．

　生涯学習論における自己教育力は意識的自己形成のうちの一つの機能としての自己教育の機能を取りあげるわけであるが，人間の自己教育という機能は必ずしも生涯学習につながるものばかりでないことは明らかである．生涯学習を導けるような自己教育力は未来志向性をある程度もてるようになってはじめて実現するものである．そのような意味において，現在志向性しかもてない時期における生涯学習は年長世代にいる教育者的立場に立つ人々（親や教師）による強制的な指導によって実現されるしかないのである．

　自分の将来を見据えて人生を計画的に過ごしていけるようになるのは，おと

なの特徴であり，現実的にも未来志向性をもてるようになってからである．このようなことから，生涯学習論を実際的な意味ある理論にするためには，人間形成論的視点から生涯学習論を捉えなおさなければならない．人間形成は教育的はたらきかけや文化の伝達というという次世代とのつながりをその重要な視点に含めるのに対して，生涯学習は一人の人間の死によって終了してしまうのである．しかしながら，現実には自分の将来の姿を見据えることによって進める生涯学習を幼いころから方向づけるための教育を，親や教師が行わなければならないのである．その場合，教育者的立場に立つ親や教師は人間形成論的視点を心得ていなければならないのである．

　以上のような意味において，人間形成論は生涯学習論を導く重要な理論であるということができるのである．

(2) 具体的教育問題に対する対応策に有益な人間形成論

　いじめ，不登校，学級崩壊というようなさまざまの教育問題が次々と起ってくる状況が続いているが，このような教育問題が次々と変わった形であらわれてくるのは，それぞれの教育問題に対する教師や学校の対応の仕方がきわめて対症療法的方法で行われてきたことに起因していると考えられる．近年の教育問題は基本的に教育者と被教育者の間の人間関係の不成立が前提として起っていて，そのような教育的関係の基礎の部分を吟味し，それを改善する努力をすることなしに，実際に表面にあらわれている問題にだけ目を奪われ，その問題の解決策を対症療法的に求めることは返って教育問題の本質を見失わせ，新たな問題の根を残してしまうことにつながってしまう．

　安易にスクールカウンセリングに頼ることによって，教師自身が教育問題に取り組もうとする積極的態度が失われ，教育問題の根本的原因である人間関係や子どもの家庭環境や社会そのものの道徳環境の変化などを教育専門家としての教師が人間形成論的視点から吟味しなければならない．スクールカウンセラーは臨床心理学的方法論によって，子どもの心理的問題状況を捉え，心理療法的方法で問題解決を図ろうとする．教育問題が主に個人の心理的原因から起っている場合は，このような心理カウンセラーによる指導は有効である．しかし，現実の教育問題はより教育的な人間関係にその原因をもつ場合のほうが多い．つまり，現実の教育問題は教育的関係におけるさまざまの矛盾から生じ

ているのであるから，そのような教育的関係のなかにいる教師が生徒の問題状況を把握することが教育問題把握の第一歩でなければならない．ここにおいて，人間形成論的視点（自己形成論，人間の生き方を問題にする道徳理論，生理的発達と老化の理論）からのアプローチをすることができるのは，まさにその教育に従事している教師しかないのである．教師は教育問題をもっと正面から積極的に捉えなければならない．学級崩壊に直面した教師が被害者意識をもったり，運が悪いと考えたりするような風潮が教師集団のなかにあること自体が問題である．

　人間形成論は単なる理論のための理論ではない．まさに教育実践を導くことのできる実学的理論でなければならない．具体的な教育問題を導ける実学的理論としての人間形成論の研究が必要である．

参考文献

- 田井康雄編『人間と教育を考える―教育人間学入門―』学術図書出版社，2003 年
- 田井康雄『道徳教育の原理と指導法―「生きる力」を育てる「心の教育」―』学術図書出版社，1999 年
- 村田昇『生きる力と豊かな心』東信堂，1997 年
- 押谷由夫『新しい道徳教育の理念と方法』当洋館出版社，1999 年
- 森田孝他編『人間形成の哲学』大阪書籍，1992 年

第3章

教育の目的と評価

第1節　教育目的のもつ意義

1. 教育活動そのものを導く意義

　意図的な教育活動において教育目的は必然的に必要になってくる．明確な教育目的をもたないで意図的な教育はできないのである．とりわけ，教師は生徒に対する時，何を目的にそのような教育活動をするのかということを明確に認識してなければならない．教師がなんとなく話したことが生徒の心に傷をつけることは現実によくあることであるが，逆に教師の的を射た一言が生徒にやる気を起させることも可能なのである．教師と生徒の教育的関係が成立している場合，教師の教育活動は生徒にきわめて大きな影響力をもつ．それゆえ，教師は自らの教育活動の意義や目的を明確に意識しながら，一つ一つの教育的はたらきかけを行っていかなければならないのである．

　教育専門家である教師は自分の行っている教育活動によって何を実現していくのか，あるいは，生徒にいかなる影響があるのかを十分に認識するために，自己の教育活動を常に自己評価していなければならない．このような自己評価は教育活動には常に伴われなければならない．それが意図的な教育活動の条件なのである．そして，この自己評価の基準になるものがその教育活動を導く教育目的なのである．教育専門家としての教師の教育活動は常にその教師自身によって自己評価され，自己改善されていなければならない．本来の教師は自らの教育活動をこのように常に自己評価し，自己改善しているから，教師自身を

評価するということはあまり行われてこなかったのである．しかしながら，現在のように，教師の質の低下や問題教師の増加，さらには，教育問題の続発という状況では，教師自身も評価されることが必要になってきている．

　ここで問題にしている教育評価は教師の教育活動そのものを評価することであり，その場合の評価の基準は教育目的でなければならない．現在の学校の教師のもつ教育目的と教育内容は学習指導要領に規定されたカリキュラムにあらわされたものであり，教師自身の裁量に任されているのは，教育方法（とりわけ，具体的な指導法）である．それゆえ，教師自身を評価の対象にする場合は，教師の教育方法に関する評価になる．つまり，規定された教育目標を教師が用いる教育方法でどの程度実現されているかを評価することになる．そして，教育目的に適正に導かれた教育方法によって行われている教育活動が実現されているときはじめて生徒の学習活動の評価（学習評価）が適正に行われていることになる．現実には教師自身の教育活動が適正でない場合があり，その結果，生徒の学習が正当に評価されないことがある．

　教育目的は生徒の学習評価を導くとともに教師自身の教育活動をも評価するための基準になるのである．

2. 教育効果を高める意義

　明確な教育目的に導かれた教育活動は被教育者の学習活動を効果的に導くことができる．明確な教育目的は教育活動そのものが被教育者において実現していく内容に合致する形で行われる．そのためには，教師は生徒の学習能力や教育内容に対する興味・関心等をある程度知らなければならない．つまり，教育目的が教育効果を高めるはたらきをするためには，被教育者の学習状況をも前もってある程度把握して教育目的を設定しなければならないのである．教育効果を高める教育目的は，学習指導要領に設定されている教育目的を被教育者の学習状況とのかかわりにおいて教育者が解釈し直すことによって再設定しなければならないのである．このような考え方が正当な意味で行われる能力別学級なのである．本来の能力別学級は，被教育者の学習状況（学習能力や学習内容に対する興味・関心）に応じて適切な教材や教育方法を教育者が工夫しているような能力別のクラス設定である．従来日本では，成績優秀児のための能力

別学級が行われてくることが多く，そこに問題があったということができる．

教育効果を高めるためには，被教育者の学習状況を教育者が正当に評価することから始めることが必要であり，その評価からその被教育者の教育目標を教育者として設定していくことが必要なのである．その教育目標を達成することによって，さらに次の教育目標を設定し，その達成を目指すという形で徐々に教育目的に近づいていくような教育活動の積み重ねが必要なのである．教育内容と被教育者の学習状況から段階的な教育目標を設定し，それを一つ一つ実現していくという形で教育目的に対応していく教育活動は確実に教育効果を高めることにつながる．

明確な教育目的をもたない教育活動は教育効果を上げることはできない．教育者は教育目的に対して被教育者の学習状況とのかかわりから段階的な教育目標を設定し，それを実現する形で教育活動を進めていくことによって教育目的が確実に達成されるだけでなく，その教育効果をきわめて有効なものにしていくことができるのである．

意図的教育の教育効果を高めるということは，教育者の意図的教育の構造化を進めることにつながる．教育者が自らの意図的教育活動を構造化することができると，教育者としての自信がつき教育活動に安定性が生じてくる．しかしながら，その反面，個々の被教育者の真の学習状況を見失う危険性もある．教育活動の構造化は被教育者の学習状況をパターン化してしまうことは，そのパターンに合致する被教育者の教育活動は効果が上がるが，パターンに合わない被教育者をも無理にそのパターンに当てはめてしまうのである．このようなことは教育者にだけではなく，医者や心理学者などの臨床的な実学に従事する者が陥りやすい危険性である．このような危険性から脱却するためには，教育者は常に個々の被教育者の学習状況に先入観をもって対応しないように自制するしかない．教育専門家は教育に常に真摯な態度で取り組むことが必要である．

3. 教育目的としての陶冶概念
(1) 陶冶概念

陶冶という概念はドイツ語の Bildung の訳語であり，現在では形成と訳されている．陶冶（形成）とは人間の本来もっている性質や能力を調和的に完全に

発達させることであり，決して外から鋳型にはめ込むとか，外から形作るのではない．陶冶という訳語は古い訳語であり，近年は一般に形成という訳語を用いている．この形成という訳語でも，「形を成す」という意味での形成であることを十分に認識しておかなければならない．

人間が教育的有機体であることについては第1章で明らかにしたが，このような教育的有機体のもつ機能としての自己形成や人間形成も，一方的に他からのはたらきかけによって実現されるものではなく，環境からの影響や教師による教育的はたらきかけと被教育者自身の主体的活動との相互作用を含めて（陶冶）形成という概念であらわされるのである．

現在新たな概念に対して陶冶という言葉は用いなくなっているが，従来から用い続けられている陶冶概念が一般陶冶と職業陶冶，形式陶冶と実質陶冶という対の概念である．そこで，これらについて説明する．

(2) 一般陶冶と職業陶冶

陶冶という概念が意味するものは，人間が本来もつ素質や能力を完全に発達させることであるが，その場合，特にその素質や能力を特定の職業や技能を目的として陶冶するのではなく，純粋に被教育者のもつ素質や能力の完全な実現を目指すのが一般陶冶といわれる概念が意味するものである．それゆえ，一般陶冶とは人間性の完全でしかも調和的な発達を目指すことを目的とする陶冶論であり，現在いわれている普通教育が目指す陶冶論である．つまり，現在日本の小学校や中学校で行われている普通教育，さらに，普通科の高等学校での教育や大学で行われている教養教育も，このような一般陶冶を目指す教育ということができる．一般陶冶は特に具体的な目的を教育する側が決定するのではなく，被教育者のもつ能力を全面的に，しかも，調和的に発達させることだけを目指すのである，その結果がどのようなものになるかという外的な規定を一切行わず，いかなる枠にもはめようとしない教育である．それゆえ，一般陶冶はそれだけでは現実の社会で有能な人間として活躍するような人間を導くことには必ずしもならない．現実的な教育を考えるなら，一般陶冶によって発達した能力を何らかの職業に結び付くための職業教育が必要になってくる．

ここで職業陶冶があらわれてくる．職業陶冶とは，一般陶冶によって養われた能力を基本にしてその能力に合致した特定の職業のための職業教育である．

職業陶冶は被教育者の一般陶冶によって養われた能力を十分把握した上で，その能力に合った職業選択に基づく職業教育である．一般陶冶によってあらわれてくる能力を無視した形で行われる職業教育は職業陶冶とはいえない．この場合の問題点は，被教育者自身が一般陶冶によって養われた能力を自ら理解していない場合である．自分の能力を考えずに，ある職業に着きたいという欲求だけで職業教育を受ける場合，それは正当な意味での職業陶冶ではない．同様のことは，教師や親についてもあてはまる．つまり，子どもの能力を考えることなしに，教師や親がある職業に着けるための教育を行う場合も，正当な職業陶冶は実現しない．それゆえ，職業陶冶を実現するためには，一般陶冶を導く普通教育の状態から十分な被教育者の観察を行い，被教育者自身の希望と能力の関係を見抜く教育者の適切なアドバイスが必要になってくる．

被教育者自身が自らの適性を十分に把握できていない場合，一般陶冶を続けていくことが必要である．大学進学率が高まっている一つの原因は，このような職業陶冶に対するに認識不足に起因している．職業決定ができないから大学へ行くという考え方を取る学生はかなり多い．その結果，大学卒業時に自分の能力や適性まで考えて就職活動をする学生は多くはない．

以上のようなことからも，一般陶冶と職業陶冶の関係についてのより深い認識が必要であるということができる．

(3) 形式陶冶と実質陶冶

現在の教育学において陶冶概念として最もよく用いられているのは，形式陶冶と実質陶冶である．この概念は心理学で比較的よく使われるが，基本的には教育学の概念である．教育目的として，被教育者の能力を伸ばすことを目的にするのか，被教育者に知識を習得させることを目的とするかが問題になってくる．前者のような目的をもつのが形式陶冶であり，後者のような目的をもつのが実質陶冶である．つまり，形式陶冶とは，被教育者に陶冶財（教育内容）を習得させることによって，被教育者の理解力，記憶力，判断力，読解力，推理力，計算力等を発達させることを目的とするという陶冶論であり，陶冶財そのものの内容は問題にされない．それに対して，実質陶冶とは，被教育者に陶冶財そのものを習得することを目的とする陶冶論であり，この場合は，陶冶財そのものの内容が重要な意味をもってくる．

第1節　教育目的のもつ意義　　59

　一般に形式陶冶の考え方を示す代表的な教育思想家は，ロック（J. Locke, 1632〜1704），ルソー，ペスタロッチー，フレーベル（F. W. A. Fröbel, 1782〜1852）らの児童中心主義教育思想家たちである．彼らはそれまでの教師中心主義教育思想において，教育内容そのものを習得させる教育の考え方に対して被教育者のもつ能力の重要性を主張することから，形式陶冶の考え方に到達したのである．

　それに対して，実質陶冶の考え方を主張する教育思想家としてはコメニウス（J. A. Comenius, 1592〜1670）をあげることができる．30年戦争（1618〜1648）の戦場で人生の中心になる時期を過ごしたコメニウスは無知が戦争を起すと考え，「すべてのことをすべての人に教える」ことの重要性を体験的に確信した．そこで，コメニウスは『世界図絵』や『大教授学』を著して，実質陶冶論を展開したのである．実質陶冶の考え方は知育を中心に行う教育機関としてあらわれた学校教育において広まっていった．学校教育の目的は知識や技能の習得であった．それゆえ，実質陶冶は教師中心主義教育と結び付く陶冶論ということができる．

　学校が知育の場として実質陶冶を目的にあらわれてきたのは，それ以外の教育は家庭や教会で形式陶冶が行われているという前提のもとにおいてであった．現在の日本社会においては，家庭がその教育機能をしだいに失いつつあり，しかも，宗教教育を十分に行う場がない状況で，学校教育に単に知育だけを任せておくことができなくなってきている．そのあらわれとして，学校での生活科の誕生や「総合的な学習の時間」の設定がなされてきたのである．学校教育が知育を中心に行うだけでよい時代は過ぎてしまった．知育だけであれば，実質陶冶の考え方だけが学校教育にもち込まれている事で十分であるが，それ以外の教育的要素である「心の教育」や「生きる力」という考え方の重視は，形式陶冶論的な発想が現実の学校教育に求められるようになってきているのである．

　現在の学校教育は知育だけの場ではなく，まさに人間形成に直接かかわる全人教育を行わねばならない教育の場になってきている．その結果，学校教育で実質陶冶だけでなく形式陶冶もともに調和的に行われるような教育評価が必要になってきているのである．

4. 教育目的の二重性

　教育目的には二重の意義がある．それは普遍性と現実性である．教育目的がもつこの2つの性質について明らかにしたい．

(1) 普遍性

　教育が人間にかかわる活動であるとするなら，いかなる時代のいかなる民族の人間であっても，その目的において普遍性があるべきである．それは教育の目的が基本的に善の理念に導かれる側面をもつからである．善の理念は倫理学によって探究される価値であり，その普遍性は必然的な性質として教育目的に伴われなければならない．それゆえに，ヘルバルトも教育の目的を倫理学に求めているのである．しかも，ヘルバルトによると道徳的品性の陶冶こそが教育の中心的目的であると考えたのである．道徳的品性の陶冶が目指すものは善であり，この点において，教育の目的は普遍性をもつのである．そのような普遍的目的をもつ教育学が学問として成立しなければならないのである．一般に学問は普遍性を求めてその研究を行うものである．しかしながら，教育学のように教育実践を導く実学としての学問については，普遍性は成立しにくい．完璧な普遍性と完璧な現実性は基本的には両立しないものである．

　その点に関して，シュライエルマッハー（F. D. E. Schleiermacher, 1768〜1834）は普遍妥当的倫理学の未成立とそれに基づく普遍妥当的教育学の未成立を明確に主張している．とりわけ，生まれつきの能力や性質も，成長における環境もそれぞれに異なっている個々の人間にかかわる教育的はたらきかけの理論は，普遍性をもつことは難しいと考えるのである．ただシュライエルマッハー自身倫理学についても，教育学についてもその普遍性が不成立とはせず，未成立としているところに注目しなければならない．つまり，シュライエルマッハーは学問的な発展に伴って普遍妥当的倫理学や普遍妥当的教育学はいずれ成立すると考えていたのである．

　教育理論は大きく二つの理論（目的理論と方法理論）に分けられる．このうち方法理論については，個々の被教育者の個別性に大きく左右されるものであるがゆえに，普遍性は成立しにくい．しかしながら，目的理論については，人間としての究極的目的という形で普遍的な設定は可能であり，その普遍的な究極的目的に到達するまでの中間的・段階的目的については具体的・個別的要素

が大きくかかわってくるのである．そして，中間的・段階的な目的を実現するための教育方法は被教育者の教育現実に合わせることによって現実性は高まるが普遍性は成立しにくくなるのである．

(2) 現実性

　教育学が教育実践を導くための実学として成立してきたという点から，現実離れした机上の空論ではその存在意義はない．教育学の現実性は教育活動や方法を導く理論においてあらわれてくる．個々の教育現実の場合設定における具体的な指導方法や対応方法についての具体的な教育理論は現実性をもつものでなければならない．しかし，このような現実性の寄せ集めが教育学を構成すると考えるのは誤りである．たとえば，あるクラスの学級崩壊においてきわめてうまくいった解決策が，その他の学級崩壊にまったく意味を成さない場合もある．教育的指導というものは個別的な被教育者の具体的状況に合わせて行われなければならない．それゆえ，教育的指導は被教育者の教育状況に応じて多様なものにならざるをえない．教育的指導は教育効果を高めるための指導であるから，そこに普遍性は生じてこない．あえてここにおける普遍性を主張するなら，被教育者の教育状況に合致した教育的指導を行うというありきたりの普遍性しか求められないのである．

　教育学がヘルバルトによって学問として理論づけられたのが比較的近年になってからであったのは，教育実践と教育理論がもつべき現実性と普遍性の調和の難しさに起因するところが大きいということができる．ルソー以前においては，教育実践は教師の立場からの理論であったため，教育実践を主なるものとしての理論であった．それがルソーによって児童中心主義教育思想が展開されるようになって，教育実践とはかけ離れた教育思想があらわれてきた．ルソーの思想を教育実践に結び付けようとしたペスタロッチーはその重点を教育実践に置こうとしたため，普遍性よりも現実性のほうにやや傾いていた．ヘルバルトはペスタロッチーの教育実践の理論化をより普遍的意義を導き出すために教育学を成立させようとしたのである．しかし，ヘルバルトは教育現実から教育学の理論化を目指したのではなく，ペスタロッチーの教育理論の研究から教育学を成立させようとしたために，教育現実としての社会構造をその理論に含めることはできなかった．この点において，シュライエルマッハーは教育を世代

間の関係でみる視点を取ることによって，社会現象としての教育現実を捉えたために，教育学の現実性の意義を認めるとともに，教育学の普遍性が成立しにくいことを認めざるをえなかったのである．しかも，シュライエルマッハーは教育学の現実性を前提にした普遍性という性格を普遍妥当性と考えたために，普遍妥当的教育学は成立しないといわざるをえなかったのである．

第2節　教育目的の種類

1．個人的教育目的論

　教育目的論のうち，被教育者の素質や能力を伸長することを教育の中心的な目的とするものを個人的教育目的論ということができる．個人的教育目的論は一般に児童中心主義教育思想において展開されている．被教育者の素質や能力を伸長することは，個としての人間の成長・発達を教育的はたらきかけと結び付けることによって社会化していくことにつながるのである．

　個人的教育目的論を展開している代表的思想家としては，ルソー，ヘルバルト，フレーベルなどをあげることができる．とりわけ，ルソーはその著書『エミール』において，それまでの教師中心主義的な教育の考え方から教育の中心に子どもをおいて考えるという基本的な視点の転回（教育学におけるコペルニクス的転回）を行い，人間における基本的善性を前提に，その善性をそのまま伸長すること（消極教育）や人間の自然性に応じた教育（合自然の教育）の必要性を唱えた．

　個人的教育目的論は被教育者の個性の完成を目的とする教育であるが，この個性の完成が個人の内的発達だけによって実現するという非現実的側面があらわれてくるのである．個性の完成は内的な発展だけによって実現するのではなく，個人性と社会性の発展と調和してはじめて実現してくるものである．つまり，個人的教育目的論は人間の個性のうちとりわけ個人としての完成に教育の中心的な目的を置いて考える目的論であり，児童中心主義教育の一般的な目的論であるということができる．

2. 社会的教育目的論

　社会的教育目的論とは，人間が社会的動物になる存在であるという点に重点を置き，教育は人間の社会化を進めることが中心的目的であるとする教育目的論である．人間が人間社会においてはじめて人間としての能力をもつことができるようになるのであるから，その人間社会そのものの発展も人間の発展と密接にかかわってくる．つまり，社会的教育目的論とは人間の発展と社会の発展の調和的状態をつくり上げることが教育の主なる目的であるとする考え方である．有能な社会的構成員をつくることと個人としての素質や能力を伸長することが矛盾することではなく，この意味において，社会的教育目的論はむしろ現実的な人間の姿を直視した教育目的論ということができる．

　このような社会的教育目的論を展開した思想家としては，プラトン（Platōn, 前427〜前347），ペスタロッチー，ナトルプ（P. Natorp, 1854〜1924），マカレンコ（A. S. Makarenko, 1888〜1939），デューイ（J. Dewey, 1859〜1952）らをあげることができる．

　たとえば，プラトンの『国家』では，理想国家について論じられていて，理想国家においてはすべての人間がそれぞれの能力に応じた教育を国家によって与えられ，その能力に応じた教育を受けた結果，農民階級，戦士階級，哲人階級の3階級に分かれ，それぞれの能力を十分に発揮することによって理想国家が実現すると考えられている．つまり，個人としての成長・発達が社会や国家の繁栄と調和することができるのが理想国家であると考えられている．人間が社会的動物であるということが前面に出され，社会的動物としての発展が人間としての完成につながるとされている．さらに，国家の教育権についての考え方も示され，近代国家としての原型を示すものでもある．

　社会的教育目的論は個人的教育目的論を無視するものではなく，個人的教育目的論と対をなすことによって人間形成の考え方を実現するのである．ペスタロッチーもデューイもともに個人としての成長・発達の重要性や意義と同時に，社会のもつ教育的意義の調和を教育において求めている．ペスタロッチーは家庭の教育的意義を，デューイは学校の教育的意義を明らかにした．また，ナトルプは人間の成長・発達の過程は社会化の過程そのものであり，人間社会において生活することの意義を主張している．マカレンコは集団主義教育論を展開

し，社会集団において集団のための教育こそが個人のための教育であるという考え方を主張し，この考え方は旧ソビエト連邦の国家的教育理念として実践された．

以上のように，社会的教育目的論は教育現実を基礎にした現実的意味での教育を捉えようとする教育目的論である．

3. 文化的教育目的論

文化的教育目的論とは，教育を年長世代の年少世代に対する文化伝達として捉え，そのような文化の伝達こそが人間社会の目的であると捉える考え方である．世代間の関係で教育を捉えるという考え方は個人と社会の調和的関係を基本的前提にしていて，年長世代が年少世代に文化を伝達するのは，既存社会を維持・発展させたいという年長世代の欲求と，社会化していかねばならない年少世代の欲求とが合致することによって自然に実現してくる．つまり，世代間の文化伝達が個別的存在の集団である年少世代を年長世代化するための基礎的条件になり，年長世代としての文化を創造することによって新たな年長世代へと発展させていくのである．このような考え方で教育を捉えたのが，シュライエルマッハーであり，ディルタイ（W. Dilthey,1833～1911）は文化伝達という教育における精神構造の分析によって「生の哲学」をつくり上げ，シュプランガー（E. Spranger, 1882～1963）は文化教育学の基礎づけを行った．

教育を文化伝達として捉える基礎には，個人が社会化していく前提があり，そこには，世代間の教育的関係が大きな意味をもってくる．個人の社会化は一つの世代の構成につながり，そこに，新たな文化が創造されていくのである．シュプランガーは教育機能として発達援助，文化伝達，良心の覚醒をあげるが，シュプランガーの特徴はこの覚醒である．つまり，シュプランガーにおいては，発達も，文化伝達も基本的に覚醒によって実現されるものであり，被教育者の成長・発達のエネルギーとなるものが覚醒なのである．とりわけ，人間としての発達は良心の覚醒によって方向づけられなければならず，そこに道徳性の意義もあらわれてくるのである．

このようなシュプランガーの覚醒の考え方が，さらに，ボルノー（O. F. Bollnow, 1903～1991）によって実存主義教育学へと発展させられた．

4. 教育目的の多面性

　以上のように，三つの教育目的論について個別的に考察してきたが，この三つの目的論は人間のもつ能力の三つの側面に対応するものなのである．したがって，これら三つの教育目的論がばらばらに存在していると考えることは誤っている．たとえば，個人的教育目的論の代表的な思想家として上げられるルソーは，『エミール』においては，個人的教育目的論を展開しているが，『社会契約論』においては，社会との関係における人間存在の重要性を述べている．ルソーはむしろ「アンシャンレジーム」と呼ばれる当時のフランス社会の状態を否定するために「自然に帰れ！」という意識を前面に出そうとした．その結果，社会から断絶された状態での教育を考えたのである．

　現実に明確な自己意識をもちながらも社会的存在として生活している人間，しかも，文化創造的存在として既存の文化を受け入れていく人間は，個人的教育目的論と社会的教育目的論と文化的教育目的論の三つの教育目的をすべて実現していかなければならない存在である．それゆえ，それぞれの教育目的論にあげた思想家の思想は，三つの側面をすべてもっているが，相対的に一つの側面が強調されていると理解するべきである．

　人間存在は三つの側面を総合的にもつのであり，教育目的そのものは多面性をもつものでなければならない．実際に現実社会において生活している人間を導くための教育目的論は人間存在全体を捉えた上で一部の能力や特質を陶冶していくようなものでなければ，有効な教育実践を導くことはできないのである．

　教育目的論は教育実践の教育効果を高めるために成立してくる理論である．そのような理論としての有効性は教育実践そのものがもつ目的自体が単一の独立したものであることが少ないという事実から，理論自体も複数の内容や目的を含みこんだものでなければならない．それゆえに，現実的有効性をもつ教育理論は多面性をもつのは必然的なことなのである．

第3節　教育評価のもつ意義

1. 教育実践に不可欠の評価

　意図的な教育実践において教育目的が必要であることはすでに明らかになった．教育目的をもつことによって教育実践の方向性が明らかになるからである．教育目的に導かれた教育実践はその目的がどの程度実現されたかということについての評価を常に伴わなければならない．しかも，その評価は教育実践を行っている教育者自身の教授活動に対してと，その教育を受けている被教育者の学習活動の双方に対して行われなければならない．教育過程とは教授・学習過程のことであり，教育実践とは教授・学習の実践ということになる．それゆえにこそ，教育実践の評価を行う場合は，教授活動に対する評価と学習活動に対する評価が必要になってくるのである．

　従来教育評価といえば，学習評価のみを意味することが多かったが，教師の質の低下やさまざまの教育問題の発生の結果，教育者の教育活動に対する評価が問題になってきている．意図的な教育活動は常に評価されねば，意図的な教育活動としての意味をもたない．なぜなら，被教育者が受ける教育的影響は被教育者自身の自己形成を通じて受け入れられることによって成り立つがゆえに，その被教育者の自己形成が効果的に行われていることに，教育者のはたらきかけがいかにかかわっているかを評価しなければ，その効果が何によっているかが分からないからである．つまり，教育者の教育的はたらきかけそのものを評価するとともに，同時に被教育者の学習成果をも評価し，それぞれ（教育的はたらきかけと学習成果）の評価の相関関係を明らかにしていかなければならない．そのために，教育者は常に自らの教授活動を反省的に捉えながら，被教育者の学習活動を評価しなければならないのである．教育者の意図的教育活動とは，このように自己自身の評価と被教育者の評価を通じてはじめて実現してくるものなのである．意図的教育活動は教育者自身の教育実践そのものの評価とそれに導かれる被教育者の学習活動の評価によって，その方向性や内容を常に修正することが可能になる．このような形で自己修正機能をもった意図的教育活動は教育効果を高めることができるのである．

　教育者は以上のようなことを十分に理解し，被教育者の学習活動だけでなく，

自らの教育活動を自己評価しながら，教育活動を続けなければならない．それゆえ，教育評価（教育者自身の自己評価と被教育者の学習評価）を行わないまま行われている意図的教育活動は，教育活動の名に値するものとはいえないことを教師は理解していなければならないのである．

2. 教育評価の対象

　教育過程における教育評価の対象は教育者自身の教授活動と被教育者の学習活動であるが，教育評価そのものは教育のかかわるあらゆる事柄に対して行われなければならない．教育者や被教育者はいうまでもなく，たとえば，教育内容，学校，教育制度，教育行政などの教育活動に直接関係する事項についての教育評価は重要な意義をもつことは明らかであるが，それだけでなく，地域社会，家庭，マスコミ，国家，親など教育を取り巻くあらゆる要素が教育評価の対象に含められなければならない．教育というものは意図的な教育活動が行われていたとしても，その背後，あるいはその周辺におけるさまざまのレベルで被教育者に対する教育的影響となって，意図的教育活動に加わっているからである．教育評価を教育者と被教育者の双方だけで考える教育理論は単なる机上の空論としての教育理論をつくり上げるに過ぎないのである．

　被教育者に加わるあらゆる教育的影響を教育者が意識化し，自らの意図的教育活動を構想しなければならない．教育的はたらきかけは常に被教育者の教育状況を把握した上で構想されなければならない．というのは，教育的有機体である人間は特別な意図的教育活動を受けていなくても，日常生活においてさまざまの教育的影響を受け入れているわけであるから，そのような教育的影響に調和される形で意図的な教育活動が行われなければならないからである．つまり，意図的な教育活動は被教育者の学習状況を評価した上で構想されねばならず，そのためには，教育者は被教育者自身の学習状況が日常的にいかなる要素に影響されているかをも，把握しておかねばならないのである．

　教育者は被教育者に対する教育評価を行う場合，被教育者を取り巻くあらゆる教育事象をもある程度把握し，評価しておく必要がある．そうすることによって，意図的教育活動は教育効果を高めることができるのである．

3. 学習評価と教育評価の関係

　教育過程は教育者の教育活動と被教育者の学習活動のダイナミックな相互関係において展開されていく．したがって，教育過程が有効なものとなるためには，教育者の教育活動の評価と被教育者の学習活動の評価がともに行われなければならない．つまり，教育過程は教育活動と学習活動の相互作用の過程であるから，一方だけの評価で教育過程の状態を捉えることはできないのである．従来，教育評価は被教育者の学習評価のみが問題にされ，被教育者（すなわち，生徒）の学習努力の改善策が教育方法の主流であった．しかしながら，教師の質の低下が問題視されている現状においては，教育者の教育評価に大きな注目が寄せられている．教育者の教育評価を教育者自身だけでは十分に行えないという現状から，第三者によって教育者の教育評価制度の確立が望まれる．現在行われつつある教育者評価は異常な行動を取る問題教師の摘発を目的にするものであるが，教師が教育専門家であるとするならば，専門的レベルの教育活動ができない教師自体が問題教師であるという認識が必要である．

　教育評価の基本は教育者自身の評価でなければならない．教育者自身が正当な能力をもたないなら，被教育者の学習評価も正当に行えないのは当然である．つまり，教育評価がまず正当に十分に行われることなしに被教育者を導ける学習評価など行えるはずがない．自らの教育活動を自己評価することのできない教育者に被教育者の学習活動を評価することはできない．意図的教育活動は教育者が自己評価しつつ行うからこそ，被教育者の学習活動を正当に評価することが可能になるのである．学習評価は教育評価に伴って行われなければならない．なぜなら，教育過程とは教授・学習過程のことであるから．

4. 教育目的につながる教育評価

　教育評価の基準は教育目的から導かれなければならない．意図的な教育活動は明確な教育目的に基づいて行われるべきものであるから，その教育評価は教育活動によって教育目的がどの程度実現されているか，されていないか，また，実現されなかった原因はどこにあるのかを見つけ出す必要がある．それは教育評価が次の教育活動を導く教育目的につながらなければならないからである．つまり，教育評価は基本的には教育活動の改善のために行う必要があるからで

ある．教育活動の改善とは，教育活動によって導かれる教育効果を高めることを目指して行われるのであるから，その教育効果を知るために被教育者の学習評価は必要不可欠の要素になってくる．学習評価によって被教育者の学習状況を把握するとともに，そのような学習評価が得られた原因である教育者の教育活動そのものの評価からの改善策を含みもつ新たな教育目的を設定しなければならない．

　意図的な教育活動を常に行わなければならない教育者は被教育者の学習成果をより高いものにする責務をもち，その責務を果すために自らの教育評価と被教育者の学習評価を意図的教育活動の一環として常に行わなければならない．教育者のなかに評価によって学習者が競争することを否定するあまり，評価を行うべきでないという主張をする人がいるが，このような考え方は教育者として誤った立場である．少なくとも教育専門家として教育者の立場に立つ者であるなら，学習評価を常に行わなければならない．学習評価によって自らの教育評価を行うことが教育専門家としての教師の教育活動を支える基礎になるからである．意図的な教育活動の意義は教育者自身が自己評価することができる点にある．教育者が自らの教育活動に対して行う自己評価は，被教育者の学習評価を行うことによってより客観的に行うことが可能になるのである．教育活動は学習活動と一致しているとき，教育過程が順調に進んでいるのであり，教育評価は学習評価にあらわれてくるのである．そして，このようにして学習評価を通じて行った教育評価は，学習効果を高める教育活動を導くことができるのである．それゆえ，被教育者の学習評価を行っている教育者は次の教育活動を導くための教育目的を導くのである．

第4節　教育評価の種類

1. 絶対評価と相対評価

　学習評価の方法として絶対評価と相対評価があげられる．従来の学校教育においては，相対評価が一般に行われていた．学校において競争が重視され，進学中心の教育が目指されている場合，相対評価はきわめて有効な学習評価である．相対評価は集団教育において競争することによって互いに切磋琢磨するこ

とを促すのに適した学習評価の方法であり，一人ひとりの個性を尊重する教育を行おうとする場合，相対評価では何も行えない．一人ひとりの個性を尊重する教育は絶対評価によることが適している．

それゆえ，学校教育が進学中心の教育目的をもつ場合，相対評価は有効であるが，個性を尊重する教育を中心的目的とする場合，絶対評価が適しているということができる．一般によくいわれるような相対評価の問題点は，競争に負ける子どもの劣等感が上げられるが，競争に負ける体験は決して悪いことではない．ただその劣等感に対する対応を教師は当然行わなければならない．つまり，相対評価を行う場合，評価そのものはクラスという集団全体として捉えるが，その評価結果によって一人ひとりの生徒に対する影響についての個別的な指導は必要なのである．

逆に絶対評価の問題点は，基本的に学校のような集団教育の場において行うことは根本的に不可能であるということである．つまり，一人ひとりの個別指導を行う場合は絶対評価は当然であり，適した評価であるといえるが，学校教育において安易に絶対評価を取り入れることは問題である．現実に1クラス30人以上もいるクラスで，しかも，毎年クラス替えが行われているような状態で正当な絶対評価は不可能である．現実にこのようなことを行っている教師は絶対評価を行っているつもりで不完全な相対評価を行っていることになる．絶対評価を行うためには，教育活動を行う前の被教育者の学習状況を把握していて，教育活動によって被教育者の学習状況がどのように変化したかを知ることが絶対評価を行う前提になければならない．このような前提を学校教育において実現するためには，1クラス10名以下の生徒数でなければ不可能である．絶対評価は本来個人の教育を担当するときの評価方法であり，それを学校教育にもち込むことには問題がある．

絶対評価も相対評価もともに長所と短所があり，それらをさまざまな教育場面においてうまく組み合わせて評価していくことが必要なのである．絶対評価がよくて，相対評価が悪いという考え方は誤っている．教師は被教育者の学習状況を把握し，被教育者の置かれている教育場面を考慮に入れた教育活動をすることが必要であるのと同様に，学習評価についても絶対評価一点張りでは適切な評価はできない．教育専門家として教師は教育活動と同様に学習評価の方

法も自分で専門的見地に立って採用しなければならない．しかも，教育状況と教育活動に応じて被教育者の学習を評価する方法を考えなければならない．

2．診断的評価，形成的評価，総括的評価

　これらの評価は教育者が自らの教育活動に対する評価である．教育専門家である教師は常に自らの教育活動を自己評価する責任がある．自己評価することによって自らの専門性を維持しなければならない．教師の教育活動に対する自己評価は教育活動において不可欠の評価である．ここで，それぞれの評価について考察する．

（1）診断的評価

　教育者が教育活動を行う場合，教育内容や被教育者の学習状況を評価することによって教育方法を工夫しなければならない．このような評価が診断的評価（準備的評価）なのである．教育活動が被教育者の能力に応じて行われなければならないことは当然であり，そのために教育活動を行う教育者は被教育者の能力を教育活動の前に評価しておかなければならない．被教育者を前もって評価することによって，被教育者に合致した教育活動を組み立てることが必要である．それゆえ，教育者がまったく知らない被教育者に正当な教育活動を行うことはできない．

　児童中心主義教育は単に子どもの好きなようにさせることではない．子どものもつ能力を十分に把握し，その能力を生かせるような教育活動を行うことが児童中心主義教育の原則なのである．現在志向性しかない子どもに好きなことをやらせれば，教育は成り立たないことは明らかなことである．子どもは自らの能力も関心もわかっていない場合が多い．それを見抜くことが，教師が行わねばならない診断的評価なのである．正当な診断的評価が真の児童中心主義教育を実現するのである．教師が教育活動を行う場合，その対照である子どもたちの能力や意欲を評価し，それに基づいた教育活動を組み立てることが必要である．そのために診断的評価は教師の教育評価の基本であることを忘れてはならない．

(2) 形成的評価

　形成的評価とは，診断的評価に基づいて展開される教育過程において，被教育者の学習活動が診断的評価によって得られた情報と一致しない場合，その教育過程において被教育者の学習状況に合わせる新たな試みが必要になってくることを発見するための評価である．教育過程とは教授・学習過程であり，教育者は常に被教育者の学習状況を評価しながら教授活動を臨機応変に変化させていくことが必要になってくるのである．ある程度経験のある教師は日常的な教育活動において，自動的にこのような形成的評価を行っている．自動的な形成的評価を行うことができるのは，教育専門家としての一つの試金石である．

　教育者が正当な形成的評価を行うためには，教授・学習過程において被教育者の学習状況だけでなく，教育者自らの教授活動をもある程度自己評価できていなければならない．形成的評価は教育者の教授活動と被教育者の学習活動のダイナミックな関係において行われなければならず，診断的評価を修正し，教育効果を高めるために不可欠の評価である．教育活動は常に変化する教育者と被教育者の間のダイナミズムにおいて行われなければならず，それは教育過程に入る前の診断的評価では捉えられない重要な要素の評価を可能にする．その重要な要素には，教育者と被教育者の心のつながりが含まれる．教育は人間と人間の心のつながりにおいてはじめて実現してくるものである．このような心のつながりを具体的な教育活動にもち込むためには，教育者は教育活動を行うとき常に形成的評価を行っていなければならないのである．

　形成的評価を行えることがプロの教育者の基礎条件である．教育実習生が形成的評価を行うことは難しい．教育実習生は診断的評価を十分に行って，教育過程の最終段階までその診断的評価に基づいた教育活動を続けることが必要である．形成的評価ができるようになるのは，教育者としての経験と教育者としての教育に対する真摯な態度以外にはない．

(3) 総括的評価

　総括的評価とは，教育過程（教授・学習過程）の最終段階で行われる評価である．特にある程度の長期的な期間の教育実践を振り返り，その具体的成果を評価することである．その期間は，一つのカリキュラムがある段階での区切りをもつときに行われるものである．その区切り自体については，教育活動に従

事する者が自らの教育効果を被教育者において確認しようとする段階に設定することができる．その区切りは，短い場合は，学期ごとに，長い場合は，数年間にわたって設定する場合もある．

　総括的評価は診断的評価や形成的評価とはやや異質なものであって，普段の個々の授業において行うものではない．日常的な授業において，診断的評価や形成的評価に導かれて授業が（被教育者の学習状況を踏まえて常に改善されつつ）行われるのであるが，長期的視点から被教育者の指導方針の全体の傾向性等を踏まえる必要から行われるものである．それゆえ，総括的評価は教育者自身の教授活動において普段はあまり気づかない点を反省することや，個別的な授業の改善策では対応できないような問題（たとえば，クラス全体の雰囲気を改善する取り組みや，能力の発達に応じた授業方法の改善等）についての吟味を行うための反省会などの開催によって行われる必要がある．それゆえ，日々の授業に追われている教師には行いにくい評価であるということもできる．

　教育者が自らの教育活動を評価することによって，はじめて被教育者の学習評価も正当に行われるようになる．このような構造から，教育者自身の評価は短期集中的な評価（診断的評価と形成的評価）だけでなく，総括的評価を定期的に行うことによって，教育者と被教育者の間の教授・学習過程を長期的視野で継続的に自己評価していくことが必要なのである．総括的評価は教育者が陥りがちな授業のパターン化やマンネリ化を防ぎ，常に新しい雰囲気を取り込む可能性をつくり出すためにきわめて重要な意義をもつ．

　教育者は被教育者に対する日々の教育を充実させるだけでなく，長期的な視点で方向性をもつ自己改善策を講じなければならない．そのような意味で，総括的評価の意義を十分に把握しておく必要がある．

　教育活動は教育者自身の自己評価なしには，十分な成果を上げることはできない．教育者が専門家で泣ければならない必要性の一つがこのような自己評価の必要性に起因していることを理解しておかなければならない．

3. 到達度評価

　到達度評価とは，被教育者を絶対評価するときに一般に用いられる評価方法である．被教育者に対する教育活動の中間的・段階的目標を設定し，その目標

にどの程度到達できたかによって被教育者を評価する方法である．しかしながら，この考え方についても，その目標設定のあり方自体の是非，その目標に到達させるための指導方法の是非等の教育者自身の教授活動における評価も含まれなければならない．一般的に絶対評価については，教育者の側の評価基準がきわめて大きな問題になっている．絶対評価の基準を設ける具体的な方法としての到達度評価についても，教育者自身の評価基準と被教育者に対する診断的評価がどの程度適切であるかという問題がある．到達度評価のための目標設定は被教育者に対する診断的評価によって行われるのであるから，診断的評価が到達度評価を決定的に左右することになる．

　教育的はたらきかけが教育目的によって導かれるように，到達度評価の基準になる目標設定は教育者の教育活動そのものを導くがゆえに，到達度評価は被教育者を導くと同時に教育者自身をも導けるものでなければない．到達度評価の目標設定は被教育者の目標であると同時に教育者自身の目標でなければならない．つまり，到達度評価は教育過程において教育者と被教育者をその過程内に同時に含みこみ，教授・学習の相互関係のダイナミズムを促進するエネルギーを生み出すのである．

　以上のように，教育評価にはさまざまのものがあり，教授・学習過程としての教育過程を構成する教育者と被教育者のそれぞれの機能を高めていくエネルギーになるものである．この点に教育専門家としての教師は十分な配慮をもたねばならない．

参考文献

- 田井康雄編『新実践教育原論―教育の原理と方法と研究―』学術図書出版社，1995年
- 田井康雄編『人間と教育を考える―教育人間学入門―』学術図書出版社，2003年
- 佐藤熊治郎『自発性の原理の展開』玉川大学出版部，1977年
- 三井善止編著『生と死の教育学』北樹出版，2003年
- C. A. バウアーズ，杉本卓・和田恵美子訳『コンピュータを疑え』新曜社，2003年

第2部

構　造

第4章

教育における学校の意義

第1節　家庭の教育機能喪失現象

1. 親の意識の変化

　親とは子どもが生まれることによって生じる人間関係の名称であり，人間以外の動物においては子を産むことによって本能的に親としての意識が生成してくる．人間においても，このような側面はあるが，人間の場合はそこに自己意識や社会的情報の影響に大きく左右される部分がある．たとえば，現代社会において吟味されていないさまざまの情報が氾濫し，その情報に振り回された結果，子どもを産んでも親としての自覚をもたない母親が急増してきている．子どもを病院で産んで，退院後すぐに共働きするために零歳児保育園を探すことが当然のことのようになり，その結果，出生率が急激に低下し，しかも，人手余りの現在，零歳児保育園の不足が社会問題になっていること自体が異常な現象なのである．人間は他の動物と異なって親になるということについても，本能的な側面と教育的な側面によって実現されてくるのである．その結果，現在のような無責任な何の吟味もされていない情報が氾濫している社会状況においては，親としての意識が正常に発達しにくい状況があらわれているのである．

　母親の子どもに対する教育義務は親としての教育義務の中核になることは当然のことであるが，そこに，ジェンダーフリー教育の考え方をもち込んできて，家庭における育児の父親との機械的分担を主張する母親の意識にはきわめて大きな問題がある．乳幼児期における母親の役割は他のいかなる存在も代わるこ

とはできない．それほど重要な意義を母親の存在はもっているという厳然たる事実を教育学者は主張するべきである．

　このような状況において，親である前に一人の人間であるという無責任な自己中心主義的考え方が横行している．教育の基本は家庭教育にあり，それは母親の子どもに対する無私の愛（アガペー）によってのみ導かれる．そのような母親による無私の愛こそが育児の基本であり，自分の手で子どもを育てたいという母親本来の欲求を目覚めさせるのである．親が親という意識をもてない社会的状況がさまざまの教育問題の根本原因なのである．親としての意識とは，子どものために自己犠牲的になれる意識であり，それが現在失われているのである．このような自己犠牲的な意識こそがアガペーを導き，子どもに対する教育的態度があらわれてくるのである．しかしながら，現実社会ではそのような自己犠牲的意識が失われてきているのである．

2. 育児に対する考え方の変化

　育児に対する考え方というのは基本的には代々親から子へと受け継がれてきたものであり，社会における一つの文化になってきた．しかしながら，情報化社会が叫ばれるようになって，育児書にしたがって育児を行うことが一般化してくると，親から子へと育児の方法とともに伝えられてきた文化的要素が失われることになってきている．たとえば，「子は宝という」子どもに対する愛情の基礎となる考え方が失われることによって，育児に打算的考え方がもち込まれ，形式的な育児方法が奨励されるようになりつつある．しかし，乳幼児期における育児の基本は母親と子どもの間のスキンシップによる心のつながりであり，その心のつながりを基礎とした育児技術が重要なのである．形だけの育児方法は育児にはならない．

　以上のような意味において，零歳児保育園において行われている育児は子どもに親との心のつながりをつくらないということを親は十分に認識しておかなければならない．つまり，零歳児保育園において養えない親子間の心のつながりを親が子どもとの付き合いにおいて意図的につくり出す努力をしていればよいが，親が保育園に子どもを預けておくことで子どもの育児から解放されたと考えているとするなら，親として失格である．エレン・ケイ（E. K. S. Key,

1849～1926）は女性の社会進出を主張したが，同時に育児は女性にとって最も重要な仕事であることをも主張している．

　乳幼児期の家庭での育児は教育の基本であり，子どもの成長・発達に対する影響はきわめて大きい．親としての育児に対する考え方の変化は，親自身の意識の変化に起因している．親自身の意識の変化は情報化社会の情報の氾濫に振り回された結果であり，このような状態は育児に対する考え方だけでなく，基本的な生活にあらわれてきているのである．

3. 共働き家庭の増加

　核家族の増加に比例して増加してきたのが共働き世帯である．共働きの増加はあらゆることを経済至上主義で考える傾向が社会的に定着し始めたころから徐々に増え始めた．家庭において，育児や家事に専念しても，経済的利益を上げることができないとする考え方から，社会へ出て働きたいという欲求をもつようになった女性が育児や家事を放棄して，人手余りの社会で働こうとしているのである．その結果，子どもを零歳時から預かってもらえる保育園がますます必要になってきているのである．つまり，共働き家庭の増加というのは，経済成長に伴う社会における人手不足に起因しているのではなく，マスコミ等による単なる経済至上主義の考え方の氾濫によって導かれた結果に過ぎないのである．共働き家庭の増加によってあらわれたのは，経済的繁栄ではなく，教育的混乱や教育問題の多発化だけであったといってもいい過ぎではない．このような傾向がさらにエスカレートすることによって晩婚化，離婚率の上昇，少子化という社会問題が発生してきていると考えられる．

　これらは家庭や家族のもつ教育的意義を経済的意義で置き換えようとするところに生じてくる考え方であり，このような考え方が家庭や親のもつ教育的意義を見失わせることにつながっているのである．親としての自覚が教育的義務につながるのではなく，経済的義務につながる現在の社会状況にあるからこそ，家庭の教育機能は自然に失われていく傾向にある．たとえば，現在日本の少子化は世界に類を見ない速度で進んでいるが，これも自己中心的な人間が親として子どもの成長・発達のために自分の人生を犠牲にしたくないという意識から生じていることは明らかである．親が子どもに対してもつアガペーの意識が完

全に失われつつあるのが現在日本社会である．

4. 価値観の混乱

　マスコミによる情報の垂れ流しやインターネットによる情報の氾濫のために，現代社会の価値観は多様化を通り越して混乱状態に達している．これは情報社会になりつつある現代社会がその情報化の程度に合った情報教育が行われていないことに起因している．小学校から大学に至るあらゆる教育段階で名前だけの情報教育が行われているが，その内容は情報機器の操作のための教育に過ぎない．それ以上の教育（情報吟味の方法や情報倫理の教育）を行っている機関はきわめて少ない．その結果，興味本位のむしろ有害な情報が世界中に氾濫していることは否定できない．しかも，無責任な知識階級がマスコミを通じて新しい考え方を紹介し，結果として従来からの道徳を否定することにつながってしまっているのである．

　また，親自身もそのような情報の氾濫に振り回されているだけでなく，学校の教師も子どものやることはすべて認めるという誤った児童中心主義の考え方に基づいて教育活動に従事する場合が多く，その結果，わがまま勝手で自己中心主義的な，何事にも我慢のできない子どもが増えつつある．親も進学や受験につながる知育に関する教育には関心をもち，学力低下については社会的問題になっているが，それ以外の教育（人間としての常識や道徳心，さらには，思いやりの教育）についてはまったく無関心である．しかも，問題教師が取り上げられ，教師の質の低下が社会的問題になることに伴って，教師に対する尊敬心や信頼の気持をもたない親がきわめて多くなってきている．社会全体として自己の義務は考えず，権利のみを主張する状態はあらゆることにあらわれている．

　以上のような状況に対して問題として非難するのではなく，それぞれの立場を認めていこうとする（つまりは，価値観の多様化現象として認めようとする）考え方をとる傾向がある．これは明らかに誤りである．なぜなら，歴史的・文化的に社会を成立させてきた考え方を一方的に批判することは，その社会の道徳の崩壊現象につながるからである．このような考え方は，人間を他の動物から区別する重要な原理は人間が道徳性をもつことであり，「弱肉強食」という動物界の摂理を「弱者救済」という人間独自の道徳的理念に転回するという人

間の根本的本性を無視することにつながる危険性があるからである．

現代社会は人間が人間としての存在を維持できる最終的な限界に直面している．ここでわれわれは人間としての価値観の基本部分を確立しなければならない．

第2節　学校教育の領域の拡大

1. 家庭教育の代替機能

家庭が教育機能を失いつつある現在，歴史的に学校は単に知育だけを行っているべき時代ではない．本来学校は家庭教育を補うべき教育機関としてつくられてきた．家庭教育が正常に機能しないのであれば，学校が家庭に代わって行わなければならないのは当然のことである．

家庭教育の主体である親は教育専門家ではない．それゆえ，親としての教育義務を理解できなくても，親だけを攻めることはできない．ただ教育専門家である教師はそのような親の教育権を代行しなければならない義務をもつことを忘れてはならない．学校教育に「生活科」や「総合的な学習の時間」が設けられたのは，明らかに家庭教育で行う日常生活での教育を学校に代行させることを目的にしている．教師はこのような「生活科」や「総合的学習な学習の時間」のもつ真の目的や意義を認識しなければならない．

また，従来行われてきた家庭教育の中心的な要素として道徳教育の意義も大きい．それが家庭教育の崩壊現象に伴って，家庭で行われてきた道徳教育の基礎が行われなくなってきている．思いやりの感情や心のつながりの体験，さらには，基本的生活ルールのしつけや常識の基礎などは，本来家庭において，幼児期に両親によってしつけられてきた内容である．零歳児保育園に子どもを預けることによって，子どもの育児から解放された親は子どものすべての教育すべてから開放された錯覚をもち，何かの教育問題が起きてきたら，それは学校の責任であると思い込むようになってきている．その証拠に学校や教師に対する非難や中傷はどこの教育委員会にも，次々と寄せられている．もちろん問題教師もいることは事実であるが，問題のあるのはむしろ親のほうが多い．しかしながら，それでも親は教育専門家ではないのに対して，教師は教育専門家で

なければならないという現実から，学校は家庭の教育を代行しなければならないのである．昔の学校のことを思い出し，現在の学校の状況を嘆く教師は教壇を去るべきである．なぜなら，教師は教育専門家であるから．

2. 家庭と地域を結ぶ機能

　家庭の教育機能の喪失状況について明らかにしてきたが，それに伴って家庭と地域の連携についても，失われつつある．それは個人的な利益中心主義の立場に立ち，自らの権利のみを主張し義務を履行しない親が，地域社会における活動を拒否することによって起きてきている．地域の自治活動に参加することは暗黙の義務であったが，最近では自治会活動に参加しない家庭がどこの自治会でも何件かある．ここで，地域との連携を結ぶ主導的立場に学校が立たなければならない状態が起って来ているのである．家庭，地域，学校の連携は，従来，その主導権を学校は必ずしももつ必要はなかった．それは地域と各家庭との連携は元来きわめて密であったからである．しかるに，現在では自治体組織自体が成立しなくなってきた自治会も出始めているのである．

　学校で行われる教育には，その学校が存在している地域において受けている機能的教育の影響が意図的に取り入れられなければならない．それは学校にいる子どもの生活が行われている地域と学校との連携によって意図的な教育が実現されてくるからである．それゆえ，学校はその地域と家庭との連携の要の役割を演じなければならない．つまり，学校は家庭との連携と同時に地域との連携をつくり上げることによって家庭と地域を結ぶ機能を果さなければならないのである．

　学校は学校独自の教育に集中しているだけではその役割を十分果しているとはいえない時代になってきたのである．それゆえ，総合的な学習の時間の運営に関しては，特に家庭や地域との連携は有効に機能するものになることが必要であると考えられる．総合的な学習の時間の内容や運用が学校独自の裁量に任されているのは，地域や家庭との連携については学校しか分からないからである．総合的な学習の時間にどのような内容を企画するかは，学校が地域や家庭との連携をいかに捉えているかによって決まってくる．学校が積極的に地域や家庭との連携を図っているところでは，さまざまの総合的な学習の時間のテー

マを得ることができるはずである．総合的な学習の時間を主体的に利用できる学校は家庭や地域との連携の模索を積極的に行っている学校であると同時に，その学校の教師は真の教育専門家であるということができる．

3. 知識の教育から知恵の教育へ

　受験と進学の教育が目指す教育は知識をできる限り詰め込むことによってその成果が上がる．この考え方は実質陶冶の考え方に基づく教育である．受験と進学の教育におけるさまざまの弊害と少子化により，教育におけるゆとりの重要性が叫ばれるようになってきた．知識の詰め込みによって逆に主体的にその知識や技術を用いる能力が失われるとの批判から，知恵の教育への転換が行われつつある．知恵の教育とは知識を主体的にある目的に向かって運用していくための主体的能力としての知恵をはたらかせることを目的にしている．

　ここで問題なのは，知識の教育と知恵の教育が正反対の教育であって相反するものであるという考え方が正しいかどうかである．つまり，知恵の教育というのは，知識を習得することから始めなければならず，しかも，知識を習得する過程においてきわめて主体的な努力を必要とするのである．知識を習得する主体性をもたないで，その知識を主体的に運用する能力が養えることは不可能である．知恵の教育というのは，知識を運用する主体的能力としての知恵を養う教育であり，これは形式陶冶的考え方に基づく教育である．したがって，知恵の教育は知識の教育を前提にして，その知識を主体的に運用することを導く能力を養うのであるから，知恵の教育は知識の教育なしには成立しない．

　知識の教育から知恵の教育への転換というのは知識の教育を否定するのではなく，知識の使い方を自分で主体的に考え，その方向で努力していくことができるような主体性を養う教育である．それゆえ，従来の知識の教育を否定するのではなく，知識の教育をさらに発展させるところに知恵の教育が成立してくるのである．

　このような考え方が「生きる力」の教育や総合的な学習の時間において実現されるのである．一人ひとりの人間がそれぞれの立場で知識や技術を主体的に用いることによって，問題解決に取り組んでいく力が人間として「生きる力」であり，自己形成能力のあらわれなのである．

4. 生涯学習の一段階としての機能

　家庭教育，学校教育，社会教育という教育の3つの形態という分類がなされていたが，近年，生涯学習という観点で家庭教育や学校教育を捉える考え方が一般化している．学校教育が生涯学習の一段階であるという考え方は，学校教育の内容において生涯学習に必要な能力を養うとともに，人間として「生きる」意味と重要性を教えなければならない．つまり，学校教育が生涯学習の機動力を養う使命をもつという考え方が成立してきている．

　学校で学ぶ知識や技術が人間としての実生活において有効に利用できるような主体性の生成と結び付くことが必要になってくる．学校教育が生涯学習と直接結び付くことが必要で，そのための工夫が求められている．これは必ずしも知識や技術の種類ではなく，運用能力の問題である．つまり，生涯学習において主体的に利用できる自らの能力を学校教育において養う形式陶冶的な教育が必要になってきているのである．

　学校教育が生涯学習の一段階としての機能を果すためには，学校教育そのものがその内容として生涯学習に必要な能力や知見を含んでいなければならない．現実の学校教育においては，このような生涯学習につながる能力や知見はほとんどその内容に含まれておらず，生涯学習につながる教育は現状の学校教育では行われているとはいいがたい．本来，生涯学習の必要性はその人自身の人生における課題を実現する形であらわれてくるわけであるから，学校教育の内容が現実の生活にある程度関係があり，しかも，そのような課題を解決する能力を身につけさせることが必要である．

　生涯学習を成り立たせる自己教育力の育成が学校教育の前面に出されなければ，今後の生涯学習の充実はありえない．学校が生涯学習の場としての意義をもつために学校開放の問題が取り上げられるが，学校開放は生涯学習活動に対する学校の受動的対応に過ぎず，学校教育の中心的内容として生涯学習を主体的に展開するための自己教育力とその意欲を子どもたちに養うことが必要なのである．家庭が本来もっていた生涯学習に対する準備的教育機能が失われつつある現在，学校は生涯学習の意義とそれに必要な能力の育成により積極的に取り組まねばならない．とりわけ，受験と進学のための教育から開放されつつある学校教育は，新たな教育状況に対応して家庭と地域との連携を軸に生涯学習

につながる教育内容を充実していかなければならない．

第3節　生涯学習における学校の役割

1.　「人間としての生き方」の教育

　知育中心の教育機関として学校教育は歴史的に始まった．これは家庭教育では不足する教育の一側面を補うための役割であった．ペスタロッチーもいうように，学校教育は家庭教育の不足を補う教育機関なのである．家庭教育が崩壊しつつある現代社会において，学校教育は知育だけにかかわっているだけでなく，家庭で親が子どもに教えていた「人間としての生き方」についても学校教育で積極的に指導していかなければならない．

　学校教育において「人間としての生き方」を教育するのは，教師自身の生き方によらねばならない．つまり，教師が人生の先輩として真摯な態度で自らの仕事に対している姿を示すことによって，生徒が進んで模倣したいと思えるような人間関係づくりが必要なのである．そのためには，教師と生徒の間の正常な人間関係と教師自身の模範になる自覚が整っていなければならない．教師自身単に授業さえできればよいというような意識で接するのではなく，自分が模範にされているという意識を常にもち，自ら人間である誇りを示せるような生き方をしなければならない．

　学校は教師自身がそのような人間としての生き方をできる場でなければならない．学校は教育のためにつくられた場であり，一般の社会的集団生活の場とは根本的に異なるものでなければならない．つまり，学校はゲマインシャフト（血縁社会）でもゲゼルシャフト（利益社会）でもなく，教育という目的のためにつくられた特殊な共同社会である．しかも，この特殊性は教師によって企画され，運営されなければならない．そして，そのような教育のためにつくられた場において「人間としての生き方」を実践して見せるのが教師の役割なのである．この点において教師は人間以外のものが代わることができないのである．「人間としての生き方」は言葉で説明できるものではなく，具体的な生き方の実践を模範にしてはじめて成立してくるものであり，そのような模範として，教師を受け入れられる人間関係を生徒との間に教師はつくり上げる努力を

しなければならない．

　現実の学校において教師が生徒に与える教育は大きく二つの要素からなっている．一つは教科内容としての知識であり（実質陶冶），もう一つは教師の生き方や考え方の影響である．われわれ自身の経験からも，人生の後々までも影響を与えるものは，教師の生き方や考え方の影響であることは誰もが否定できない．つまり，従来から教師と生徒の間に正常な人間関係が成立している場合は，生徒は教師から「人間としての生き方」をほとんど無意識に学んできた．今後はこのような生き方に対する教育がよりいっそう重要視されなければならないのである．

2. 人生に対する考え方の教育

　人生に対する考え方についても，本来は親が子どもに対して無意識のうちに自らの生活態度を示し，子どもがそれを無意識に模倣することによって教育が行われていった．しかるに，零歳児保育園の普及に伴って，親子の接する時間が極端に短くなり，人生に対する考え方を親から教えられることができなくなってきた．教師はこのような家庭教育の不足する部分を補わねばならない学校教育の使命を認識し，意図的に人生に対する考え方を問題にし，子どもたちにも徐々に考えさせる機会をつくらなければならない．

　子どもからおとなへの成長・発達は現在志向性から未来志向性への意識の変化である．このような現在志向性から未来志向性への変化は子どもがおとなの行動を見習うことによって自然に実現していくものであるから，教師は意図的に生徒に対しておとなとしての行動をとらなければならない．おとなとしての行動とは未来志向的行動であり，そこに，自己訓練的要素を含みもつものである．自己訓練的要素とは今だけでなく将来のことを考慮に入れる活動の有意義さを自ら知ることによって成り立ってくる．それゆえ，教師は知識を教える場合も，単に暗記を強制するのではなく，その知識を習得することによって後の人生にいかなる意義や有効性があるかをも説明し，生徒自身が未来志向性を養っていけるような説明を行う必要がある．

　以上のような点も人間以外のコンピュータによっては教育不可能なポイントである．人生に対する考え方の教育こそが，子ども自身がおとなとしての未来

志向性を養っていくきっかけとなる．そのような未来志向性こそが生涯学習の根本的基礎エネルギーになるのである．

3. 少子高齢化時代における生涯学習能力の育成

　少子高齢化社会においては，人生は社会的引退によって終るのではなく，老後においても，それまでとは異なった形で社会貢献を果すことが必要になってくる．現在のように，老後は年金によって趣味の生活だけを行うという人生が成立しなくなるのである．若年労働者の数が激減することによって年金財政の逼迫状態が懸念される現在，老後は従来考えられていたような老後ではなくなる可能性が高い．つまり，老人としてその経験や技術を最大限利用して社会的貢献をせざるをえなくなる時代がすぐそこまで来ている．

　従来，生涯学習論的な考え方においては，老後は社会的引退に合わせた趣味と娯楽の余生を楽しむという時期であったが，平均寿命の延長化に伴い，高齢者が社会的役割を担う重要な労働力として期待される時代がすぐそこまで来ている．生涯学習論の立場もこの老後の時期の社会的貢献を人生の課題として見直すべき時が来ている．このような意味において，現在行われている高齢者に対する情報教育はまったく時代に逆行する生涯学習であるといわざるをえない．高齢者にとって情報教育は最も効果のあがりにくい教育であることは周知の事実である．そのような教育によって高齢者は自らの無力感と挫折感を思い知らされ，高齢者の年長世代としての誇りと人生における生きる意欲すら失わされてしまう危険性がある．生涯学習は本来それぞれの人生時期における課題を解決していくことによって人生を自ら有意義なものにしていく学習である．それゆえ，あくまでそれぞれの人間の主体的な自己教育力によって学習課題が設定され，自らの主体的努力で解決していってこそ生涯学習といえるのである．生涯学習の目的は自ら主体的に設定していくことが必要であり，そのための能力を学校教育において養わなければならないのである．

　今後の社会がいかに変化していくかを予想することはきわめて難しい．まさに不確定な時代であるといえる．そのような時代における生涯学習は自ら主体的に人生の各時期における人生課題を発見し，解決していく形で進められなければならない．それこそが少子高齢化時代における生涯学習能力であることを

十分に認識しておかなければならない．

第4節　情報の氾濫に対する学校教育

1. 情報機器に関する基礎知識の育成

　現在あらゆる教育機関において情報教育が行われている．しかも，どの教育機関においても，その情報教育の中心は情報機器に関する基礎知識の育成である．すなわち，情報機器の操作マニュアルである．これは情報化社会そのものが人間の必要性から成立してきたのではなく，情報機器の急速な発展に引きずられて情報教育を行うようになった結果のあらわれである．本来，情報とは人間が主体的に行動するために利用できる知識であり，情報機器はその知識を手に入れるための機器なのである．現在は，情報を手に入れるために情報機器を利用するのではなく，情報機器を利用すること自体が目的になっている状況である．情報化社会があるレベルまで進展したら，この種の情報教育は行われる必要はなくなると予想される．そのような意味では，現在はまだ情報化社会とはいえないレベルにとどまっているということができる．その第一の理由は，ほとんどの人々が情報に振り回されているという現状が改善されていないところにある．情報機器がそれほど発達していない時代において，人々はそれぞれの立場で情報処理能力をもち，その能力を自分なりに主体的に利用できた．それゆえ，情報機器に対する必要性を感じていたのはごく一部の人々だけであった．しかるに，現在では情報機器の発達のために，必要もない情報処理能力をもつ機器をマスターすることが迫られているのである．情報機器はあくまで道具であることを忘れてはならない．さもなければ，人間はコンピュータに支配されてしまうであろう．

2. 情報吟味能力の育成

　現在の情報教育において最も遅れているのが，情報吟味能力の育成である．インターネットによってさまざまな情報が氾濫し，大多数の人々がそれらの情報に振り回される状態が続いている．しかも，現在情報教育において行われているのは情報機器の操作が中心であるため，誤った情報を吟味する能力を養う

という情報時代において必要不可欠の教育内容はまだほとんど行われていない．現在の情報教育担当者は単に情報機器の操作能力があるという理由だけで，情報教育担当者になっている場合が少なくないため，情報教育の本来あるべき目的を追究することができていないのである．情報吟味の基準はその情報を利用する側の目的に置かれなければならない．つまり，何のためにどのような情報を検索するのかという目的をもたないままでインターネットを検索することの有害さに気づかなければならない．

　パソコンが一般化する以前において，われわれは情報を求めるために利用したのは本であり，新聞であり，隣人であった．これらの情報源はある程度信頼ができ，しかも，必要以外の情報は手に入らなかった．つまり，必要とする情報のみが手に入るような仕組みであった．したがって，情報に振り回されるということは起きにくい状況であった．マスコミの発達に伴って，情報操作が行われるようになり，ややつくられた情報に接することが起るようになったが，それでも放送界における倫理規定等の自主規制によってある程度情報の吟味が行われていたために，情報吟味能力はそれほど問題にはならなかった．しかしながら，情報化社会といわれるようになってからの情報の氾濫に対応する必要性は差し迫った緊急性がある．情報機器の発達に教育がついていけないという根本的原因が考えられるが，情報機器自体は情報を処理するための道具であるはずなのに，情報機器の異常に急速な発達のために道具に引っぱられてしまうという逆転状況が起ってきているのである．情報機器を使うことによってわれわれは自らの能力が使われないままに情報機器のもつ機能を自らの能力と思い込み，その能力と思い込んだ機能によって自らの能力そのものが失われていくこと自体に気づいていない．このような状態において，情報吟味の能力は育つはずかない．今こそ，パソコンを使うことによって失われていくわれわれ自身の能力を回復する自己訓練と真に必要な情報を吟味する能力を養うことが必要である．つまり，パソコンを真の意味において主体的に使いこなす自覚が必要なのである．

3. 情報倫理教育

　情報機器としてのパソコン利用およびインターネットの運用については，その利用者の倫理的自制がきわめて大きな問題になってくる．それは現在のところそれぞれの利用者の自覚と責任に任せられている状態である．その結果，インターネットには無責任な情報や有害な情報が氾濫している．しかも，そのような有害な情報と有益な情報の区別をする能力を必ずしももたないままの情報利用者が多いという現状では，パソコンの操作だけを学んだ者はパソコンから有益な影響よりもむしろ有害な影響を受ける場合のほうが多いといわざるをえない．それゆえ，情報倫理教育は情報吟味能力の育成と同時に直ちに行われなければならない情報教育の中心的内容である．

　以上のような観点から，現状の情報教育は教育の名に値しないといっても言い過ぎではない．情報機器の操作が情報教育であるというようなレベルの情報教育だけしか行えないようでは情報教育の専門家とはいえない．

　先にも明らかにしたように，情報とは主体的な行動を起すときに利用できる知識である．情報倫理とは，この主体的行動の目的が倫理的目的にかかわるものであること，つまり，自らの目的を実現することによって不特定多数の者に迷惑をかけないこと，さらには，情報を発信することによって多数の者が不利益を被らないことなどの自制的機能を情報操作と同時に発する必要性から成立してくる．きわめて有益な道具は使い方によってきわめて有害な道具に変わるものである．パソコンは多機能な装置であるがゆえに，その使用については厳しい倫理的綱領が必要である．これが十分に成立していない現状はきわめて危険な情報化社会であるといわざるをえない．

4. 情報の主体的利用の意義の教育

　情報の意義について十分な理解のないままに情報を扱うことには大きな問題がある．個人情報が漏らされることが情報関連企業においても後を絶たない．情報関連企業に勤務している人の中にも，情報の重要性を理解していない人がいないとはいえない．これも情報機器の発達に対して情報教育の遅れの著しさに起因している．情報の価値を十分理解していないために情報を主体的に利用するという自覚をもちえないのである．これは情報教育に従事している教師に

ついてもいえることである．学校の教師で情報機器の使用についてはある程度の能力はあっても，情報倫理をもたない教師は少なくない．それはそのような情報倫理についての教育を受けてこなかったからである．

　情報教育の基本的目的は情報の主体的利用であり，そのためには，単なる機器の操作ではなく，情報の意義と有効性，さらに，その危険性についての認識をもった上での情報の利用でなければならない．情報の主体的利用は実際にそのような主体的利用を行うことによって情報の重要性や価値をはじめて理解できるものである．それゆえ，情報機器の操作だけをマスターして情報教育を指導する教師にはきわめて大きな問題があるといわざるをえないのである．

　情報教育従事者は情報の専門家であるといっても，他の分野における専門家のレベルからいえば，必ずしも高いレベルの専門家とはいえない．とりわけ，情報機器そのものが日々発展過程にある現在，情報教育従事者の多くは新しい情報機器の操作や新しい機能に追いつくことに精一杯で，情報の主体的利用に追いつくことは難しい．それだけでなく，日々情報機器を操作することによって自分自身の能力そのものが失われていく事実に気づいていない場合が多い．その結果，情報機器の目覚しい発展に追いつくことそのことが情報教育専門家としての中心的仕事であるという誤った自己認識をもつ情報教育関係者があらわれてきている．

　情報教育の歴史はまだ非常に浅い．にもかかわらず，情報機器の発展はきわめて急速に進んでいる．情報機器の発展に追いつく情報教育は，情報を主体的に利用できる者だけが行いうることである．それゆえにこそ，情報を主体的に利用できる真の情報教育専門家の育成が今後の情報教育にとって不可欠である．

参考文献

- 鈴木正幸『これからの教育「知る」から「分かる」へ』ROKKO出版，2002年
- C. A. バウアーズ，杉本卓・和田恵美子訳『コンピュータを疑え』新曜社，2003年
- 田井康雄編『人間と教育を考える―教育人間学入門―』学術図書出版社，2003年

第 5 章

教育法規―「教育基本法」「学校教育法」を中心として

第1節　教育法規の体系および日本国憲法

1. 教育法規の体系

「日本国憲法」をはじめ，数え切れないほどの法律が存在している中で，どこまでを「教育法規」とするのか，その範囲を限定するのは困難ではあるが，一例を示すと次の図の通りである．

「教育基本法」は，日本国憲法とともに，数ある教育法規の根幹を成すものと考えられている．したがって，本節では，その「教育基本法」を主として取り上げ，同時に，現代の教育システムの根本を規定している「学校教育法」，そして，教育課程の基準を定めている「学習指導要領」について概説したい．

2. 日本国憲法

「日本国憲法」(以下，「憲法」という)の基本原理は，「主権在民（国民主権）」「基本的人権の尊重」「戦争放棄（平和主義）」の三つである．また，他の法律と大きく異なる性質として，憲法が「国の最高法規」であり，憲法に反する法律は無効であること（憲法98条），その改正にあたっては，より厳格な手続きが必要とされること（同96条），という二点が挙げられる．

ところで，「第3章　国民の権利及び義務」（10条～40条）では，基本的人

教育基本法規

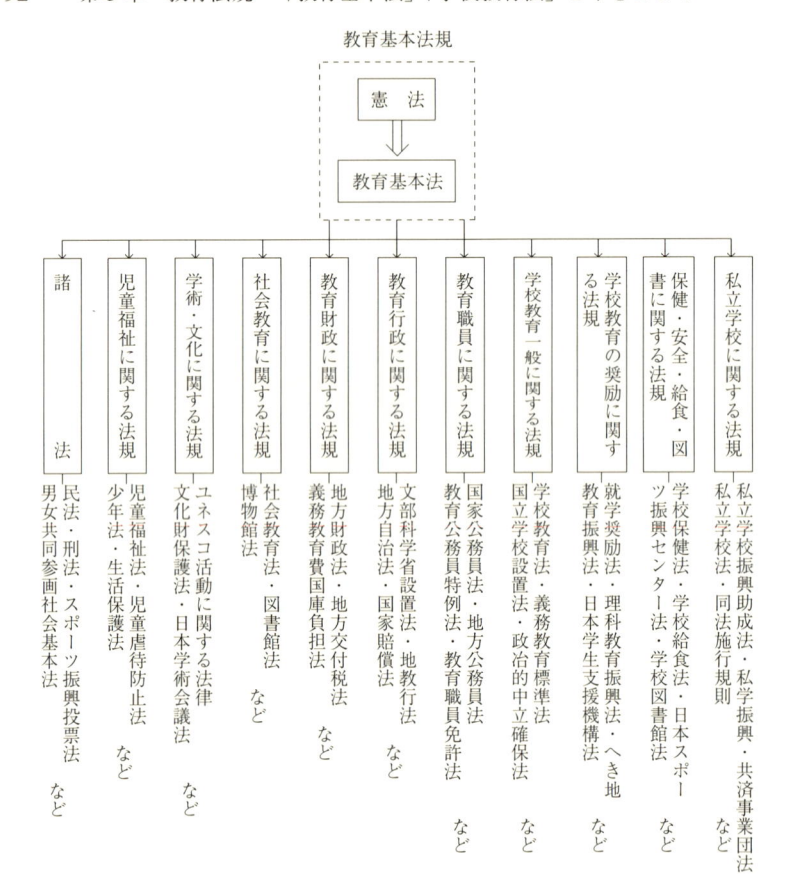

憲法
↓
教育基本法

- 私立学校に関する法規: 私立学校振興助成法・私立学校法・同法施行規則・私立学校振興・共済事業団法 など
- 保健・安全・給食・図書に関する法規: 学校保健法・学校給食法・日本スポーツ振興センター法・学校図書館法 など
- 学校教育の奨励に関する法規: 就学奨励法・理科教育振興法・へき地教育振興法・日本学生支援機構法 など
- 学校教育一般に関する法規: 学校教育法・義務教育標準法・国立学校設置法・政治的中立確保法 など
- 教育職員に関する法規: 国家公務員法・地方公務員法・教育公務員特例法・教育職員免許法 など
- 教育行政に関する法規: 文部科学省設置法・地方自治法・地方教行法・国家賠償法 など
- 教育財政に関する法規: 地方財政法・地方交付税法・義務教育費国庫負担法 など
- 社会教育に関する法規: 社会教育法・図書館法・博物館法 など
- 学術・文化に関する法規: ユネスコ活動に関する法律・文化財保護法・日本学術会議法 など
- 児童福祉に関する法規: 児童福祉法・児童虐待防止法・少年法・生活保護法 など
- 諸法: 民法・刑法・スポーツ振興投票法・男女共同参画社会基本法 など

図 5.1 教育法規体系図［下村哲夫・杉原誠四郎（監）『2005 年度版　必携学校小六法』協同出版，2004 年，p.738］

権の尊重について詳細な規定が設けられている．その中で特に，教育に関する権利および義務を定めた「26 条」は，きわめて重要な条文である．

　「第 26 条　①すべて国民は，法律の定めるところにより，その能力に応じて，ひとしく教育を受ける権利を有する．　②すべて国民は，法律の定めるところにより，その保護する子女に普通教育を受けさせる義務を負ふ．義務教育は，これを無償とする．」

この条文中の「法律に定めるところにより」という部分に基づき，次節以降で触れる「教育基本法」「学校教育法」等の教育法規が規定されている．また，26条以外にも，「19条（思想および良心の自由）」，「20条（信教の自由）」，「21条1項（集会，結社および表現の自由）」，「23条（学問の自由）」，「25条（生存権，生活の向上に努める国の義務）」等も，教育に関わる条文として重要な意味を持つものである．

第2節　教育基本法

1. 教育基本法の特徴

「教育基本法」（以下，「基本法」という）は，国会（当時は旧憲法下の帝国議会）での審議を経て，1947年3月31日に公布，即日施行された．「基本法」の特徴として，まず指摘しておきたいのは，憲法と同じく「前文」が設けられ，「基本法」が憲法に準ずる性格を持っているという点である．

> 「われらは，さきに，日本国憲法を確定し，民主的で文化的な国家を建設して，世界の平和と人類の福祉に貢献しようとする決意を示した．この理想の実現は，根本において教育の力にまつべきものである．
> 　われらは，個人の尊厳を重んじ，真理と平和を希求する人間の育成を期するとともに，普遍的にしてしかも個性豊かな文化の創造を目指す教育を普及徹底しなければならない．
> 　ここに，日本国憲法の精神に則り，教育の目的を明示して，新しい日本の教育の基本を確立するため，この法律を制定する．」（「基本法」前文）

一般の法律に「前文」が規定されることは極めて異例のことである．このことは，憲法制定の過程において，憲法の中に教育の根本を定める条文が必要ではないか，という議論が当時なされていたことと無縁ではない．また，他の教育法規と異なり，基本法は「憲法の精神に則り，教育の目的を明示して，新しい日本の教育の基本を確立するために」制定されたわけであるから，「基本法に準憲法的性格がある」とすることはごく自然なことである．したがって，他の教育法規は，当然「基本法」の精神に違反しないようにしなければならない，

と考えるべきである．事実，基本法の公布・施行直後の1947年5月3日，当時の高橋誠一郎文部大臣が「教育基本法制定の要旨」という訓令を出し，この原則を明らかにしている．

「（前略）この法律は，日本国憲法と関連して教育上の基本原則を明示し，新憲法の精神を徹底するとともに，教育本来の目的の達成を期した．（中略）今後のわが国の教育は，この精神に則って行われるべきものであり，又，教育法令もすべてこれに基いて制定せられなければならない．」（文部科学省HP内「教育基本法資料室」http://www.mext.go.jp/b_menu/kihon/about/index.htm より引用）

次に，教育の根本を規定する形式が，「教育勅語」＝「勅令」から，「基本法」＝「法律」の形式に変化した，という点も大きな特徴の一つである．戦前においては，「勅令」つまり天皇の命令は，議会や内閣，司法の権限が及ばないところで，軍部に巧みに利用され，第2次世界大戦の泥沼にはまり込んだ一つの大きな要因となった．戦後は，その反省に基づき，国民の意思に基づく「法律」という形式で，教育の理念・目標が掲げられることになったわけである．

2. 「基本法」を読んでみよう

基本法は，東西冷戦が激化する1955年頃から現在に至るまで，その改正が何度も企図され，そのたびに国内にさまざまな議論を巻き起こしてきたが，実際に改正されたことは一度もない．基本法の各条文を丹念に読むことで，改めてその意義を考えてみたい．

(1) 第1条（教育の目的）「教育は，人格の完成をめざし，平和的な国家及び社会の形成者として，真理と正義を愛し，個人の価値をたつとび，勤労と責任を重んじ，自主的精神に満ちた心身ともに健康な国民の育成を期して行わなければならない．」

ここで述べられている「教育の目的」に対しては，内容が抽象的過ぎることや，そもそも教育の理念や目的を法律として規定することが許されるのか，という問題点がよく指摘される．なかなか難しい問題だが，戦前の「教育勅語」体制と決別するためにはやはり必要な条文であると考える．

(2) 第2条（教育の方針）「教育の目的は，あらゆる機会に，あらゆる場所において実現されなければならない．この目的を達成するためには，学問の自由を尊重し，実際生活に即し，自発的精神を養い，自他の敬愛と協力によって，文化の創造と発展に貢献するように努めなければならない．」

「教育」というのは，学校教育だけを指すものではない．もちろん学校という場においてのみ行われるものでもない．また，憲法23条にも規定されている「学問の自由」について，ここで再び述べていることは，第1条とおなじく，戦前における学問に対する国家の抑圧（自由な研究を封じ，一切合財を国家の目的へと向けさせた）から完全に決別することを宣言しているものではないだろうか．ただし，「学問の自由」については，その「自由」を大学のみに限定し，普通教育を行う小学校，中学校，高等学校等においては，相当程度（学習指導要領などにより）制限されているのが現状である．

(3) 第3条（教育の機会均等）「①すべて国民は，ひとしく，その能力に応ずる教育を受ける機会を与えられなければならないものであって，人種，信条，社会的身分，経済的地位又は門地によって，教育上差別されない．②国及び地方公共団体は，能力があるにもかかわらず，経済的理由によって修学困難な者に対して，奨学の方法を講じなければならない．」

この条文は，憲法26条「教育を受ける権利」を「教育の機会均等」という形で示したものである．戦前とは異なり，後節で触れる学校教育法が規定する「6・3・3・4」制という単線型教育システムにより，どの子どもも高校・大学へ進学することを比較的容易にし，経済的事情のある子どもには「奨学の方法を講じる」ことを国・自治体に義務づけて，すべての国民に対する「教育を受ける」権利を保障したものといえる．

ただ，「その能力に応ずる」教育とは何か，よく考えなければならない．能力（＝学力？）の高い子どもに対しては質の高い教育を，そうでない子どもにはそれなりの教育を与えておけばいい，ということではない．能力には個人差があり，その差を前提としてさまざまなニーズに対する教育を行う必要がある．

(4) 第4条（義務教育）「①国民は，その保護する子女に，九年の普通教育を受けさせる義務を負う．

②国又は地方公共団体の設置する学校における義務教育については，授

業料は，これを徴収しない．」

　この条文も，憲法26条の規定を具体化しているものである．ここで注意しなければならないのは，誰が誰に対して負う「義務」なのか，ということである．戦前の教育勅語体制の下では，この「義務」とは，国民が天皇＝国家に対して負う義務であった．それに対して戦後では，教育は国民の権利であり，親が子どもを就学させる義務を負い，国や，都道府県・市町村が学校施設などのさまざまな教育条件を整えなければならない義務を負う，ということになったわけである．

(5)　第5条（男女共学）「男女は，互に敬重し，協力し合わなければならないものであって，教育上男女の共学は，認められなければならない．」

　戦前は，男女別学であった．初等教育段階では，学校そのものは男女一緒であったが，男女別クラス編成が基本であった．中等教育では，学校そのものが完全に男女別に分けられていた．「男は仕事，女は家庭」などという古い「ジェンダー」（歴史・社会・文化などの観点からみた男女の性による差異）に基づく教育が行われていたわけである．

　戦後は，戦前の男女差別をなくし，両性が互いに尊重し，協力し合える社会の実現を目指し，基本法にこの条文が規定された．ただ，この条文をよく見ると，微妙なニュアンスが感じ取られる．すなわち「教育上男女の共学は，認められなければならない．」（傍点執筆者注）という部分である．結局，男女共学を望む場合は，それは当然認められなければならないが，望まない場合は，男女別学でもかまわない，ということになる．たとえば，家庭科に関して，男女が共に同じ教室で家庭科の授業を受ける「家庭科男女共修」が完全に実現したのは，ついこの間のことである．また，公立高校であるのに，今なお，男子校・女子校に分けている地域もある．基本法制定の審議過程で，この条文については各方面からかなりの反対があり，他の条文と比べて若干トーンダウンすることになったようである．

(6)　第6条（学校教育）「①法律に定める学校は，公の性質をもつものであって，国又は地方公共団体の外，法律に定める法人のみが，これを設置することができる．

　②法律に定める学校の教員は，全体の奉仕者であって，自己の使命を自

覚し，その職責の遂行に努めなければならない．このためには，教員の身分は，尊重され，その待遇の適正が，期せられなければならない．」

①においては，法律に基づく学校を定義している．（具体的には次節でとりあげる「学校教育法」で規定している．）

②では，①で定めた学校（つまり国立，公立，私立すべての学校）の教員を，「全体の奉仕者」と位置づけ，その身分や待遇の適正を図ることを規定している．教員が「全体の奉仕者」である，というのは，戦前のように，教員が国家や天皇に対して奉仕するのではなく，教育に関して国民全体に直接責任を持つ，ということである．そのためには，「絶えず研究と修養に努めなければならない」（教育公務員特例法21条）し，「研修を受ける機会が与えられなければならない」（同22条）．また，その時々の不当な支配に服することなく，普遍の真理に基づき，真に平和な社会を形成する有為な人間の育成を目指すためには，教員の身分を安定させ，一定レベル以上の待遇を保障することが必要とされた．

(7) 第7条（社会教育）「①家庭教育及び勤労の場所その他社会において行われる教育は，国及び地方公共団体によって奨励されなければならない．

②国及び地方公共団体は，図書館，博物館，公民館等の施設の設置，学校の施設の利用その他適当な方法によって教育の目的の実現に努めなければならない．」

教育とは学校教育においてのみ行われるものではない，ということはすでに述べた．家庭はもちろんのこと，学校を離れた後も，職場や，公民館，その他あらゆる場所において広く行われるべきものである．憲法や基本法が示すような理想の社会を実現するためには，学校や家庭，企業，地域社会が有機的に結びつき，生涯を通じた教育が行われて初めて可能になるのではないかと考える．そのため，この条文を依拠として「社会教育法」をはじめ「図書館法」「博物館法」「生涯学習振興法」「スポーツ振興法」などが制定され，必要な施策が行われているわけである．

(8) 第8条（政治教育）「①良識ある公民たるに必要な政治的教養は，教育上これを尊重しなければならない．

②法律に定める学校は，特定の政党を支持し，又はこれに反対するための政治教育その他政治的活動をしてはならない．」

戦前の教育において，最も欠けていたのはこの「政治教育」ではないだろうか．国民は，天皇の子＝臣民とされ，天皇＝国家のためなら死をも厭わぬ人間こそが真の国民であり，民主主義的な要素は徹底的に排除された．戦後は，この点を反省し，二度とあの悲惨な戦禍をもたらさない，平和な国家を形成する重要な要素として，政治教育を行うことが規定されたわけである．また，実際に教育を行う教員に対しては，「不偏不党」の原則を遵守することを求めている．

この条文，特に②は非常にデリケートな条文である．教員が，実際に授業で「政治教育」を行うときに，たとえば一般的な政治の仕組みや，議会民主制のシステムなどを子どもに教えるときに，本来ならば，十分に活用されるべき身近な政治問題などを敬遠することになりがちになる．うかつに取り上げると「偏向教育を行った」と批判されるばかりか，「教育公務員特例法」や「政治的中立確保法」など教員の政治的中立性を定めたさまざまな法律に違反することとなり，懲戒処分を受けることになるのではないか，と考えてしまうからである．満足な政治教育ができずに悶々としている教員は多数いるのではないかと感じる．

(9) 第9条（宗教教育）「①宗教に関する寛容の態度及び宗教の社会生活における地位は，教育上これを尊重しなければならない．
　　②国及び地方公共団体が設置する学校は，特定の宗教のための宗教教育その他宗教的活動をしてはならない．」

この条文は憲法20条「信教の自由」を補完するものだといえる．戦前は，神道が国家と結びつき（このため，「国家神道」とも呼ばれる），天皇を現人神（あらひとがみ）と崇める神社への参拝を各学校に義務付けていた．戦後は，国家と宗教（神道）が完全に分離され，憲法によって，国民に信教の自由を保障するとともに，基本法によって，教育の場における宗教教育のあり方を規定することとなった．特に，①で述べられていることは，「宗教イデオロギー」の相違によってさまざまな紛争が勃発している世界の現状を見るときに，もっと強調されてもいいように思われる．また，②にあるように，私立学校では特定の宗教のための教育は認められている．

(10) 第10条（教育行政）「①教育は，不当な支配に服することなく，国民全体に対し直接に責任を負って行われるべきものである．

②　教育行政は，この自覚のもとに，教育の目的を遂行するに必要な諸条件の整備確立を目標として行われなければならない．

この条文の持つ意味は極めて重い．「不当な支配」とは，誰による支配のことなのか．ときにはさまざまな圧力団体であることもあるだろうが，当然時の「国家」による不当な支配も念頭においていると見るべきであろう．この条文に基づき，1948年に「教育委員会法」が制定され，公選制の教育委員会が設置されることとなった．これは①に規定されている「教育は，国民全体に対し直接に責任を負って行われる」という理念をまさに具現化したものであった．ところが，1956年に「地方教育行政の組織及び運営に関する法律（地教行法）」が制定され，従来の教育委員会法は廃止された．教育委員会のメンバーは，教育委員会が各地方自治体の議会の同意を得た上で，各自治体の首長が任命するという方式に変更されるに至り，本条の規定する理念は大幅に後退することになる．

また，②については，文部科学省や教育委員会など「教育行政＝国家」の責任とその限界を規定しているものと解釈するのが適当である．「教育行政は教育が行われるその条件を整えることに，自己の任務を限定している」（堀尾輝久『いま，教育基本法を読む』岩波書店，2002, p.184）とするのはごく当然のことであろう．ところが，現実には，1955年ごろを境として，教育行政は，学習指導要領への法的拘束力の付与，教科書検定の強化等，本来10条が規定していない（あるいは制限している）教育内容統制に力を注ぎ始める．まさに「教育の自立性を保障すべき教育行政がその任務を超えて，教育の自由の精神を踏みにじり，管理を強化してきた」（堀尾輝久，前掲書，p.188）わけであり，最近の基本法改正論議の中で，この10条が大きなポイントとなっていることと無縁ではあるまい．

(11)　第11条（補則）「この法律に掲げる諸条項を実施するために必要がある場合には，適当な法令が制定されなければならない．」

この条文に基づき，基本法1条から10条までに規定されている教育の理念や目的を実現するために，これまでさまざまな法律が定められてきたが，中には憲法や基本法の精神に反するのではないかと考えざるを得ないような法律が存在しているような気がしてならない．基本法の改正が行われようとしている今こそ，改めて基本法のもつ意義を熟考することが必要と考える．

第3節　学校教育法

1. 学校教育法の特徴

　この法律は，基本法と同じ日に公布・施行された．基本法が教育の理念・目標等を掲げているのに対して，学校教育法は，基本法6条1項にある「法律に定める学校」を具体化するために制定された法律である．戦前の複線的な学校体系を改め，単線的な学校体系である「6・3・3・4」制の基準を具体的に定めている．したがって，その内容は多岐にわたり，基本法と比べるとかなり条文の数が多い．また，学校教育法の委任を受けて規定されている「学校教育法施行令」（政令）や「学校教育法施行規則」（文部科学省令），さらには後述する「学習指導要領」（文部科学省告示）などを加えると膨大な量になる．また，この法律は（同施行令，同施行規則，学習指導要領なども含め），基本法とは異なり，頻繁に改正が行われている．

　このように内容が膨大で，改正も頻繁に行われる学校教育法のすべてについて触れることはできないが，学校教育法のどこに，どのようなことが定められているのか，ということはある程度把握しておく必要はあると思われるので，以下，簡潔に概略を述べることとする．

2. 学校教育法の概略
（1）学校教育法の構成

　学校教育法（以下，「学教法」という）は，全9章108条からなる本則と附則で構成されている．第1章「総則」では，1条に「学校の範囲」を定めている．具体的には，小学校，中学校，高等学校，中等教育学校，大学（短期大学を含む），高等専門学校，盲学校，聾学校，養護学校，幼稚園であり，これらをまとめて「1条校」ということがある．以下，各学校に共通する原則として，学校の設置者，設置基準，設置廃止等の認可，学校の管理・経費の負担，授業料，校長・教員の資格およびその欠格事由，学生・生徒等の懲戒，健康診断，学校閉鎖命令，などが定められている．第2章「小学校」では，目的，目標のほか，修業年限，教科書・教材，就学義務，就学援助，児童の出席停止，校長・教頭・教諭その他の職員の任務，小学校の設置義務などが規定されており，第

3章「中学校」，第4章「高等学校」，第4章の2「中等教育学校」においてもほぼ同内容が定められている．(第4章「高等学校」には，戦前には制度として存在していなかった「定時制」「通信制」の課程についての規定が盛り込まれている．)第5章「大学」では，学術の中心としての役割を担う大学の目的や教授会の規定のほか，大学院および短期大学についての規定も設けられている．なお，第5章の2では「高等専門学校」についての規定がある．第6章「特殊学校」では，戦前においては，放置されているに等しかった障害を持つ児童・生徒のための「盲学校」「聾学校」「養護学校」についての目的等が定められている．第7章は「幼稚園」について規定されている．(ただし，幼稚園と同じく義務教育就学前の教育の一翼を担っている「保育所」は，学教法ではなく，「社会福祉法」「児童福祉法」に基づいて設置されているものであり，監督庁も文部科学省ではなく厚生労働省となっている．)

また，各学校の条文について，同内容の条文の重複を避けるために，第2章「小学校」に定められている規定をその他の学校に「準用する」ことが，第40条(中学校)，第51条(高等学校)，第51条の9(中等教育学校)，第76条(盲・聾・養護学校)，第82条(幼稚園)に定められている．

(2) 各学校の教育目的・目標

各学校における教育目的・目標に関する規定も設けられてはいるが，本法ではあくまでも概略的なものにとどめ，詳細については，たとえば，小学校，中学校，高等学校で教えられる「教科」に関する事項(教育課程の編制，授業時数等)は，学教法施行規則によって定められており，もっと細かな教育課程の基準については，同施行規則の委任を受けて，文部科学大臣が別に告示する学習指導要領によって規定されている．

(3) 学校の設置・管理・経費負担

1条に定められている学校の設置は，国・地方公共団体・学校法人のみに限定されている(2条)．学校法人については，私立学校法3条に規定されている．学校設置にあたっては，学校の種類に応じて文部科学省が定めている設置基準に従わなければならない(3条)．また，学校の管理は設置者が行い，学校を運営する経費も，原則として，設置者が負担することになっている(5条)．ただし，地方公共団体が設置する学校(公立学校)の経費のうち，教職員の給与等

については,「義務教育費国庫負担法」により国がその半額を負担し,残りの半額も,市町村立小中学校等については「市町村立学校職員給与負担法」により,都道府県が負担することになっている.そのほかにも,地方交付税交付金,国庫補助金・負担金などによる公立学校への助成,あるいは私立学校への助成などが行われており,学校設置者がすべての経費を負担しているわけではない.

現在,政府によって進められている「三位一体改革」の中で,この「義務教育費国庫負担金」を一般財源化する動きが出始めている.ここでは詳しく触れることはできないが,もし一般財源化されると,地方公共団体の財政事情により,教育サービスの質が大きく左右される恐れがある.教育機会の地域格差や,「持てるもの」と「持たざるもの」の間に生じる階層差の弊害等を,ますます助長することになりはしないかと危惧している.今後の動きを注視したい.

(4) 就学義務および義務教育の無償

憲法26条および基本法4条の規定を受けて,学教法にはさまざまな「義務」についての規定がある.ひとつは,保護者が学齢に達した児童・生徒を,小学校や中学校あるいは盲・聾・養護学校に就学させる義務である(22条,39条).次に,市町村に対しては,小・中学校の設置を,都道府県に対しては,盲・聾・養護学校の設置を義務付けている.さらに,国・地方公共団体が設置する前記の学校では授業料を徴収しないことを定めている(6条).(なお,前記学校における教科書については,「義務教育諸学校の教科用図書の無償措置に関する法律」により無償となっている.)学齢児童生徒を使用する者はその就学を妨げてはならず(16条),また,経済的理由で,就学困難と認められる学齢児童生徒の保護者に対して,市町村が必要な援助を行わなければならない(25条,40条).なお,高等学校については,本法には直接の規定はないが,ほとんどの地方公共団体が授業料の減免や奨学金制度を独自に設けている.(ただし,最近は,財政事情の悪化等の理由で,減免の基準や手続きを厳正化し,奨学金の給付額を減額したり,あるいは奨学金を「給付」から「貸与」に切り替えるところが増えているのが実情である.)

(5) 教職員の資格と職務の権限・範囲

各学校に置かなければならない(あるいは置くことができる)教職員について,7条で,「学校には,校長及び相当数の教員を置かなければならない.」と概

括的に規定し，各章で，各学校に置かなければならない教職員を定めている．（たとえば，「第2章 小学校」では，28条に，「小学校には，校長，教頭，教諭，養護教諭及び事務職員を置かなければならない．」と規定している．）また，校長・教頭などの資格については，8条の委任を受け，学教法施行規則に規定している．小・中学校等の教職員の定数については，「公立義務諸学校の学級編制及び教職員定数の標準に関する法律（義務標準法）」に定められている．

　教職員の職務については，28条（40条，51条）に総則的に定められている．この「教職員の職務」に関して指摘しておきたいのは，たとえば，「『教育をつかさどる』のは教諭（教職員）の職務だから，教育活動に関して校長は干渉するべきでない」とか，逆に「校長は『校務をつかさどり，所属職員を監督する』のだから，教職員はどんな場合でも校長の言うとおりにしなければならない」などという対立が，内包されている点である．このことはしばしば職員会議で顕在化する．法的には，「校長の職務の円滑な執行に資するため，職員会議を置くことができる」（本法施行規則23条の2ほか）という規定により，職員会議は校長の補助機関であるとされている．つまり，校長と教職員集団＝職員会議の間に食い違いが生じた場合は，校長の意思どおりにしなければならないことになる．しかし，実際の学校の教育活動は教職員集団が行うわけであるから，この対立が顕在化すると，校内に無用な混乱を招き，子どもに不利益をもたらすことにもなりかねない．日ごろから，校長と教職員集団との信頼関係を築きあげ，不毛な対立を生まないようにすることも大切なことであると感じる．

(6) 教科書の使用義務

　小学校・中学校・高等学校等においては，21条等の定めにより，「文部科学大臣に検定を経た教用図書又は文部科学省が著作の名義を有する教科用図書」を使用しなければならないことになっている．教科書の使用を義務付けることによって，全国どこにおいてもある程度均一な内容の教育を受けることが可能になっているわけである．問題は，教科書の内容とその採択方法にある．

　ここでは，いわゆる「教科書検定制度」に詳しく触れる余裕はないが，教科書検定が行われる度に「修正意見」により記述の変更を余儀なくされる教科書（特に「歴史」教科書）が毎回後を絶たない．逆に，事実かどうか疑わしい記述が掲載されているにもかかわらず，あっさり検定に合格する教科書もある．文

部科学省＝国による検定に，国民を一定の方向に導こうとするある種の意図を感じている人も少なくはあるまい．ここに国による検定制度の危うさがある．

また，どの教科書を使用するかを決めるのは，実際に「児童生徒の教育をつかさどる」教師でなければならないはずである．しかし，現実には，小・中学校においては，教科書無償制度と引き換えのような形で「広域採択制」がとられ，現場の教師が自分で教科書を選ぶことができないのである．児童生徒の実態に合わせ，よりよい教育を行いたいと思う教師ほど苦しむことになる．一定の条件の下，補助教材の使用も認められてはいるが，教科書とは違い，「有償」であるため，保護者負担を考えるとそれにも限界がある．

(7) 児童・生徒の懲戒

11条は，校長や教員による懲戒権と体罰の禁止を定めている．これを受けて，本法施行規則13条では，懲戒の種類を，退学，停学，訓告と規定している．また，公立の小・中学校の児童生徒および盲・聾・養護学校の学齢児童生徒に対する退学処分，また，私立学校を含め，すべての学齢児童生徒に対する停学処分は認められない．

これとは別に，26条（40条）は，児童（生徒）の「出席停止」について定めている．これは，性行不良であって，他の児童（生徒）の教育に妨げがあると認める児童（生徒）の保護者に対して，市町村教育委員会が，その児童（生徒）の出席停止を命ずることができる，というものである．最近深刻となっている授業妨害やいじめなどに対して取りうることができる対策のひとつとして，最近注目を集めているが，義務教育の趣旨に反しないよう慎重な運用が望まれることは当然のことである．

また，高等学校においては，問題行動に対して，前述の「停学」ではなく，「家庭謹慎」という形で，一定期間生徒の登校を制限し，当該生徒の反省を促す，という指導形態がとられることが多い．しかしながら，「家庭謹慎」には法的な裏づけがないため民事裁判に訴えられるケースが間々あることから，最近では，「停学」処分を行う学校も増えているようである．いずれにしても，児童生徒の学習権を一定程度制限し，児童生徒に対して不利益を与える恐れのある行為なので，慎重に対応することが必要であることは言うまでもない．

第4節　学習指導要領

1. 学習指導要領の概略

　学習指導要領（以下，「指導要領」という）とは，文部科学大臣が告示する学校教育の教育課程の基準であり，幼稚園，小学校，中学校，高等学校の段階別に作成されている（幼稚園のそれは「教育要領」と呼称されている）．各学校または各学年段階における教育課程の基準，すなわち，各教科・科目の単位数やその履修，「総合的な学習の時間（総合学習）」や特別活動に関する内容，そしてこれらの年間授業時数，単位の修得および卒業の認定，その他配慮すべき点，等について細かに規定している．

　指導要領は，1947年に，文部省の「試案」として実施されて以来，小・中学校では6回，高等学校では7回の改定が行われてきた．（小・中学校は2回目の改定より，高等学校は3回目の改定より「告示」形式となり現在に至っている．）指導要領の変遷，あるいはその各々の内容については，インターネット上の多くのサイトに関連情報がアップされている．特に「学習指導要領データベース作成委員会（国立教育政策研究所内）」のホームページは歴代の指導要領がすべて収録されているので，参考にされたい．(`http://nierdb.nier.go.jp/db/cofs/`, 2004年11月3日現在)

2. 指導要領の「法的拘束力」

　指導要領は，文部科学大臣が定める「告示」である．「告示」とは，「国・都道府県・市町村が，公的な決定を一般の人々に広く知らせること．」（『角川必携国語辞典』）であり，法律や命令，規則などの「法令」ではない．ただし，指導要領は，学教法の委任により学教法施行規則が定められ，その施行規則を受けて指導要領が定められているので，指導要領には法規的性格があり「法的拘束力」がある，とされている．しかし，法的にいえば，「（指導要領は）労働基準法に規定する労働基準などとはその性質を異にしており，たとえば，教育課程の一から十まですべておちなく拘束するといったことを意味するわけではない．つまり指導要領のある一つの事項が守られなかったからとか，あるいは規定外のある事項を余分に盛り込んだからといって，直ちに法令違反となるとい

うようなものではない」（菱村幸彦『新訂版　やさしい教育法規の読み方』教育開発研究所，2002，p.211）とするのが妥当なところである．指導要領のある部分について，それに少しでも違反する者に対しては，厳正な懲戒処分を下す，という最近の一部行政の姿勢に関しては，行き過ぎの感が否めない．「法的拘束力」によって縛り付けるのではなく，行政（あるいは校長）と教職員側がお互い意思疎通を図り，数々の問題点を解決していこうとする姿勢がもっと必要なのではないか，と感じる．

3. 現行指導要領の特徴

　現行指導要領は，小学校・中学校については，1998 年に改定・告示され，2002 年度から実施された．高等学校については，少し遅れて 1999 年に改定・告示され，2003 年度から実施された．（なお，改定内容の詳細はここでは省くが，文部科学省 HP（http://www.mext.go.jp/）内に詳しい解説が掲載されている．）

　改定内容を見ると，随所に「縮減」という言葉が用いられている．もちろん授業時間数や習得単位数の減少を意味するものである．この内容に関しては，各方面にさまざまな議論を巻き起こし（そのほとんどが日本の教育水準の低下を危惧するものであった），その結果，きわめて異例のことであるが，実施のわずか1年後の 2003 年に，文部科学省は指導要領の一部改正を行っている．そのポイントは，「指導要領に示しているすべての児童生徒に指導する内容等を確実に指導した上で，児童生徒の実態を踏まえ，指導要領に示していない内容を加えて指導することができることを明確にした．」（前記 HP より）というものである．つまり，指導要領に示されている基準は，あくまでも「ミニマムスタンダード」であり，地域ごと，学校ごと，あるいは同一校内のクラスごとに教える内容に格差がついてもよい，ということを容認したわけである．このことは，基本法が定められ，その中で「教育の機会均等」＝「どの子どもにも平等な教育」を保障してきた戦後日本の教育システムの根幹にかかわるものといってよい．戦後長らく，わが国は，不十分な面が多々あったにせよ，「教育の機会均等」を保障し，経済的・社会的階層の格差をなるべく生み出さないような制度を曲がりなりにも維持してきた．近い将来，この格差がますます拡大することによって，戦後の単線型教育システムが崩壊し，十分な教育の機会が与えら

れない子どもたちが増えるのではないか，と危惧している．

第5節　おわりに

　教育委員会の位置づけ・権限，あるいは教職員の身分や服務等に関する法律（たとえば，「地方教育行政の組織及び運営に関する法律（地方教育行政法）」「地方公務員法」「教育公務員法特例法」など）も重要な教育法規であるが，今後教員を目指す過程で，あるいは教員になった後も，否が応でも触れる機会があると考え，本章では取り上げなかった．しかし，今回かなり多くのページを割いて概説した「基本法」や「学教法」については，日頃の教育活動の中で意識することは率直に言ってあまりないのが事実である．教育現場に身を置く者の一人として，「そんなことでいいのか，それで未来を担う子どもたちの教育に携わっていてよいのか」という思いから，戦後日本の教育を支えてきた「根っこ」を振り返ってみたものである．

　また，今回は，国内法のみを取り上げたが，「子どもの権利条約（政府訳：児童の権利に関する条約）」（1989年に国連総会にて採択，日本は1994年に批准）などの条約や国際法なども重要な教育法規の一部であるので，機会があればじっくり目を通していただきたい．

参考文献（本文中に掲げたもの以外）
- 坂田仰・星野豊編著『学校教育の基本法令』学事出版，2004年
- 斎藤貴男『教育改革と新自由主義』（寺子屋新書001）子どもの未来社，2004年
- 西原博史『教育基本法「改正」』（岩波ブックレット No.615）岩波書店，2004年
- 佐藤学『「学び」から逃走する子どもたち』（岩波ブックレット No.524）岩波書店，2000年
- 文部省『高等学校学習指導要領解説　総則編』東山書房，1999年

第6章

食生活からみた現代の家族関係

第1節　現代の家族関係の特徴

　2004（平成16）年は，韓国の人気テレビドラマの爆発的なヒットにより，韓国ブームに沸いた年であった．ドラマの主演を演じた俳優の人気はとどまるところを知らず，その姿や発言は世間の注目を集めたが，ここで取り上げたいことは，彼が自分のファンを「家族」と呼び，その理由を「ファンは無条件に自分を愛し，いつも信頼してくれる，それはまるで家族のようだから」と語ったことである．

　彼にとって家族とは，「無条件に自分を愛し，いつも信頼してくれる」存在であり，これはひとつの家族の定義といえよう．そして，この家族は「無条件に自分を愛し」という言葉に示されるように，つよい愛情によって結ばれた家族であり，強度の情緒的関係により成り立つ家族として捉えることができる．

　もっとも，家族はこのような情緒的関係のみで結びついているわけではない．血縁関係，性的関係，経済的関係，法的関係など様々な関係で結ばれており，情緒的関係が破綻していても家族を形成することは可能である．しかし，現代社会では彼の発言にみるように情緒的関係を重視する傾向にある．だが，人の愛情とは永遠不変のものではなく，しばしば時とともに変化するものである．家族間の愛情も例外ではなく，この点が現代の家族を不安定にしている主要な要因でもある．実際，経済的に豊かになり，離婚に対する社会的批判が減少した現代の日本では，夫婦の愛情が冷めてしまえば離婚する場合が少なくない．

このように，情緒的関係を重視する家族関係は同時に壊れやすい傾向をもち，良好な家族関係を維持することは実は容易ではない．それでも，人々が家族をつくり家族とともに生活することを望むのは，家族が子どもを産み育てる機能や生活保障の機能，そして精神的な安らぎを与える機能など，多くの重要な機能を有しているからである．それでは，情緒的関係を重視する現代の家族関係が壊れやすいことを前提にしたうえで，家族を構成する各成員にとってより良好な家族関係を築いていくためには，何が必要とされるのだろうか．

 この問いを解く鍵は実は家庭生活の中にある．なぜなら，家族関係は家庭生活の中で築かれるからである．ここでは，現代の家庭生活において重要な役割を果たす食生活，その中でもとりわけ家族関係を映し出す素材としての鍋料理に注目してみる．そして，その歴史的変遷を概観したうえで，現代の家族関係を形成している基盤やその特徴を探ってみたい．

第2節 食生活からみた家族関係の歴史

1. 一家団欒と鍋料理

 情緒的関係を重視する家族のイメージに最もふさわしい光景は食卓を囲む一家団欒のそれである．とりわけ，家族全員が同じ空間に集い，ひとつの鍋を中心に互いに向き合う鍋料理は，まさに一家団欒を象徴する家庭料理といえる．

 ところで，食卓での一家団欒を象徴する鍋料理は昔から行われているように思われがちであるが，これが一般的に広まったのは近代に入ってからである．では，それ以前の人々が食卓を囲む様子とはどのようなものであったのだろうか．

 身分制度に縛られた江戸期では，家族間でさえ食事の場所や献立は別であり，各自が「銘々膳」と呼ばれる小さな食台を使用して食事をとるのが通常であった．したがって，一家団欒に欠かせない食卓や鍋料理が，ひろく普及するのは明治期以降のことなのである．

 明治期に銘々膳に代わり使用されたのが「ちゃぶ台」であった．これは長崎の卓袱料理（卓袱とはテーブルクロスのこと）が起源とされるが，明治期に普及したのは，テーブルを用いる欧米文化の影響を指摘することができよう．そ

して，ちゃぶ台とともに導入されたのが，家族がひとところに集まって親しく会話するという，欧米流の一家団欒の風習である．

いっぽう，鍋料理が家庭料理として定着する契機となったのは，「牛鍋」である．明治維新とともにブームとなり，これにより各種の鍋料理が家庭料理として定着するようになったとされる．なお，「牛鍋」は関東大震災（1923年）以降，関西風の「すき焼き」と呼ばれ今日に至っている．また，高度経済成長期（昭和30年代）以降，ちゃぶ台は姿を消し，食卓（テーブル，座卓）が使用されるようになった．このように，家庭生活の中心をなす食卓を囲む光景は，歴史や文化によって絶えず変容し，新たにつくりだされてきたのである．

2. 民主的家族関係と鍋料理

戦前の家族関係は，かつての近世の武士を頂点とする身分制度が廃止されたとはいえ，武家の慣習を模した「いえ」制度に基づくきわめて不平等なものであった．家長である父（戸主）や後継者である長男に権力が集中し，日常の食生活においても他の家族よりも品数や分量の多い食事が準備されることも少なくなかった．また，性別役割分業が明確であり，家事の多くが手作業でなされた当時では，女性（とくに農家の嫁）は食事の準備と後片付けに追われ，ゆっくりと家族と食事をとることはできなかった．

戦後の民主的家族制度は，こうした戦前の家族関係を変革するために導入されたのである．男女の平等を明記した憲法第24条や戸主権を廃止した新民法により，家族関係は新しい時代を迎えたといえよう．

ところで，鍋料理に不可欠な「土鍋」の生産が急増するのは第二次世界大戦後である．戦後，土鍋の生産が増加するのは，この時期に新しい民主的な家族関係が導入されたことと無縁ではないようにおもわれる．なぜなら，鍋料理は家族全員が同じものを食べるという点で，きわめて民主的な料理といえるからである．この意味において，鍋料理は戦後の新しい家族関係を映し出す料理であるといえよう．

3. 食卓の変容と家族関係

　戦後の法制度の改正は，家族関係に多大な影響を与えたが，昭和30年代にはじまった高度経済成長による産業構造の急激な変化は，さらに家族関係を大きく変化させることとなった．

　高度経済成長期には，多くの農村青年たちが大都市に仕事を求めた．彼らの多くは工場や会社で働く労働者となり，恋愛結婚（恋愛結婚の数が見合い結婚を上回ったのは昭和40年代の初めである）によって家庭を形成した．生まれ育った農村の大家族（拡大家族）とは異なる核家族による生活を選択したのである．そして，彼らの憧れが昭和30年代に建設が始まった日本住宅公団（現・都市基盤整備公団）による2DKの団地であった．団地では，南向きの日当たりのよい部屋にステンレスの流し台を設置，テーブルと椅子が置かれたその空間は，ダイニング・キッチン（和製英語）と命名された．

　戦前の日本家屋では台所は北側にあり，先述したように食事は居間でちゃぶ台を使用した．ダイニング・キッチンの登場によって，食卓の風景は一変したといってよいだろう．そして，2DKの団地に住む核家族にとって，日当たりのよい食卓は，農村の大家族にみられた家父長制的な古い家族関係を払拭し，新しい夫婦中心の家族関係を築く場として機能したのである．こうして，夫婦と子どもを中心とした情緒的な関係を重視する―私たちが自明のものとして疑わない―家族が一般に普及するのは高度経済成長期以降であった．

　しかし，21世紀を迎えた現代では，この家族を中心とした食卓の光景も過去のものになりつつある．食生態学を専攻する足立己幸らの調査（1999年）によれば，家族全員で食卓を囲み楽しく会話するという光景とは対極にある姿が浮かび上がっている．そこでは家族がバラバラに食事をする「個食」や，ひとり寂しく食事をする「孤食」が急速かつ広範囲にひろがっているという．また，マーケティングの手法で現在の食生活を示した岩村暢子の調査（1998〜2002年）によれば，1960年代以降に生まれた主婦には「食べることに関心がない」「食べることより遊びたい」というような食生活を軽視する傾向が現れているという．さらに，岩村は1960年代以降の若い世代では，主婦だけでなく家族全員が食生活に無関心であり，家族が別々に好きなものを好きなだけ好きなときに食べることは珍しくないとまで指摘している．

これらの食卓の光景は，家族の会話もみられず，親密な情緒的家族関係を築く場からはほど遠い．しかし，情緒的関係は自然につくられるものではなく，日々の生活の中で培っていくものである．足立らの調査では，約7割の小学生が「家族全員」で食べる夕食を楽しんでおり，現在においても食卓は家族の親密な情緒的関係を築く場として機能している．したがって，食卓が情緒的な家族関係を築く場としての機能を失った家庭は，不安定にならざるを得ない．かつての「いえ」制度下の家族と異なり，つよい経済的法的規制から解放された現代家族は，情緒的関係を維持しなければ家族としての形態を保持していくことが難しいからである．

ところで，先に「鍋料理は家族全員が集まって食べる料理であり，戦後の新しい家族関係を映し出す料理である」と述べた．しかし，個食が急速にひろまっている現在では，家族全員でひとつの鍋を囲むという鍋料理の作法にも変化が及んでいるという可能性も考えられる．次節では，筆者が実施した鍋料理と家族関係に関するアンケート調査（対象は大学生30人，調査時期2004年12月）の結果をもとに，鍋料理を通して現代の家族関係について，さらに考察したい．

第3節　食生活からみた現代の家族関係

大学生30人に自由記述で「鍋料理にまつわる家族の思い出」を問い，次にアンケート調査（現在・中高校・小学校別に，誰が鍋をつくるか，誰と鍋を食べるか，鍋を食べる頻度とその種類）を実施した．以下はその結果である．ここで注目すべき事柄は，自由記述において複数の学生が父親について言及していた点である．それは回答した学生の親子関係や両親の夫婦関係のあり方をも映し出すものであった．それでは，最初に夫婦関係に関するエピソードからみていこう．

1. 鍋料理からみる夫婦関係

― 事例 1　父親は鍋奉行 ―

　うちの父は典型的な「鍋奉行」であり，いつも家族でお鍋を食べるときは，父を気にしながら食べなければなりません．それがストレスです．父親は鍋になると目つきが変わります．いつも料理をしないのに，なぜ鍋だけあれほど執着心を燃やすのか私にも分かりません．母親は父の「鍋っぷり」にあれやこれや言いたいことがあるらしくよくケンカを鍋中にします．そんなこんなでお鍋は私にとって家族がギクシャクする象徴のようなものです．

　事例 1 のように，父親が「鍋奉行」であるという記述は多くみられ，「鍋を仕切っていた人（鍋奉行）は誰ですか」という設問では，小学校の頃は 3 割，中高校の頃では 4 割の学生が父親が鍋奉行であったと答えている．各種の調査から，日本の父親は欧米や東アジア諸国と比較して家事時間が短いことが指摘されているが，ことのほか鍋料理に関しては積極的に参加しているようである．しかし，「いつも料理をしないのに，なぜ鍋だけあれほど執着心を燃やすのか私にも分かりません」というように，普段の姿に比して，あまりにも異なる様子に他の家族は困惑を隠せないでいる．

　また，鍋料理に使用する材料の準備（下ごしらえ）を父親がすると答えた学生は僅か 1 人（中高校の頃）であり，9 割以上は母親が行っている．献立や下ごしらえからすべてを行う父親は非常に少ない．この結果を回答者である学生たちに示し，意見を再度求めたところ，「鍋奉行を父親が行うのは，家事参加ではなく父親がその権威を示したいからであり，家庭内のジェンダー関係からみて問題である」という意見が返ってきた．事例 1 では父親の鍋奉行ぶりは，子どもからみて否定的に描かれているが，この事例にみられるように鍋奉行に固執する夫と平等な夫婦関係を求める妻との間には相当の隔たりがあるようにおもわれる．

　これに対して事例 2 は家事を平等に分担している家庭の事例である．

> **事例 2　両親がつくる実演型鍋**
>
> 　「今日はお鍋やで」,「やったぁ」という会話が記憶を辿ると思い出されます．鍋は父と母二人で作っていました．うちのやり方は，煮込んだものをつつくのではなく，テーブルに鍋とバットが2つ，ボールが1つあって，昆布だしをはった鍋にバットから豆腐や野菜を入れ，ボールから鳥だんごをその場でつくって入れるという実演型でした．そこで，蓋をしてできあがるのを皆で待ちました．

　家事を平等に分担しているこの家庭には鍋奉行は存在しない．「実演型」という言葉に夫婦の共同作業が象徴され，会話には暖かい家族の姿が描かれており，事例1とは対照的なケースである．ただし，こうした事例は稀である．
　さて，次の事例3，事例4では父親と思春期の子どもとの親子関係が鍋を通じて培われる様子が示されており興味深い．

2. 鍋料理からみる親子関係

> **事例 3　父と娘の反抗期**
>
> 　私の両親，特に父は鍋をするとなると，とても世話やきになり，「あれを食べろ」とか，「これはおいしいぞ」という形で，人の受け皿にポンポン入れてきます．反抗期だった頃はそれがいやで仕方ありませんでした．そこで，「自分でとるから！」と強い口調で言いました．父にとってはショックな一言だったのでしょう．それからはあまり鍋の時におしつけるような口調で話すことはなくなりました．私があの一言で父の優しさを踏みにじってしまったことを反省した一方で，父も私が反抗期だということをはっきりと認識したのだと思います．

第3節 食生活からみた現代の家族関係　115

事例4　父と息子の反抗期

　中1か中2のころ，親父とケンカをした．相当激しいバトルで，ボコボコにされたので，しばらくお互いに口をきかなかった．なるべく顔をあわせないようにして晩飯とかも自分の部屋で食っていた．そんな日が何日か続いて，僕の中での怒りはおさまったのだが，どうも親父と話すことは気まずかった．あるとき，晩飯が鍋でさすがに部屋で食うのもムリで，僕は「食わへん」といって部屋にいた．すると親父が部屋にきて一言，「一緒に食おうや」．僕は照れくさかったが，「はあ」とため息をひとつついて，久しぶりの暖かい家族の輪と熱い鍋を味わった．

　このように，鍋料理の場面において，思春期の子どもと父親との葛藤や和解のエピソードはしばしば語られたが，母親との関係が語られることはなかった．それはなぜなのか，理由を考えてみたい．

　調査対象の学生たちが中学生であった頃に行われた親子関係に関する調査をみると，母親との会話が少ない中学生は1割程度であるのに対し，父親の場合は3分の1にのぼる（埼玉県環境生活部「埼玉青少年の意識と行動調査」1998年）．学生たちの3分の1が思春期の頃，父親とほとんど会話をしていなかったのである．ところが，普段父親と会話をしない中学生も鍋奉行の親父に対しては言葉を交わさざるを得ない．その結果，父親と子どもとの間に上記のようなドラマが展開され，その記憶は鍋料理と結びつきエピソードとして記述されたと推察される．

　子どもの成長とともに，家族関係は変化していく．とりわけ思春期は，親子関係の心理的距離を調節することが難しい時期であるが，その距離を補正する重要な場が食卓での会話なのである．

　思春期を過ぎた子どもたちは，次のステップとして，本格的な自立へ向けての準備をはじめる．次に紹介する事例5，事例6は大学入学を機に家族のもとを離れて，ひとり暮らしをはじめた学生のエピソードである．

3. 鍋料理からみる子どもの自立

―― 事例5　鍋と恋人 ――――――――――――――――――

　私は家族よりも，大学に入って付き合った彼との方が鍋を囲んだ思い出が多いです．2人とも下宿生だったので，去年の11月頃に2人用の鍋を互いに買いました．週に1度位のペースで，どちらかの家で色々な鍋をしました．今は市販で便利なスープがたくさんあるので，下宿生にとっても鍋は簡単で暖かいものだなと感じました．今では実家に帰ったとき，おいしかったスープを紹介して，家族とも鍋を楽しんでいます．

―― 事例6　鍋と友人 ――――――――――――――――――

　私の家では冬になると週末は必ず鍋でした．昨年，私が大学に入学し，ひとり暮らしを始めたので，家族と鍋をすることはほとんどなくなりました．昨年の冬，電気グリルを買ったので，大学の友人やバイト先の人と私の家で鍋をするようになりました．今年はバイト先の人と私の家で鍋をするのが月1回ぐらいの恒例になりました．この前，久しぶりに実家に帰ったら，やっぱり鍋でした．

　現代の若者たちは，ひきこもりやニート（Not in Employment, Education, or Training の頭文字からつくられた言葉．就業就学せず職業訓練も受けていない若者をさす）の問題に象徴されるように，家族からの自立が難しい時代に生きている．その背景として，①親世代の経済力に依存して生きることが可能なことや，②平成不況による若者の就職難，③人間関係をつくる能力の低下などが指摘されているが，ここで注目しておきたいことは③の点である．

　筆者は，この数年間不登校生やひきこもり青年たちの教育支援活動に関わってきたが，彼らにとって最も困難な問題が「安定した人間関係を築くこと」であった．彼らは学校や職場で人間関係の躓き（「いじめ」や疎外感，疲労感など）を経験していることが多く，その経験が家族以外の人々との安定した関係づくりを困難にしていた．

人間関係をつくる簡単な方法のひとつが，食事を共にすること（共食）である．食事の場では会話も弾み，親しくなるきっかけをみつけやすい．筆者が行ってきた教育支援活動は，青年たちといっしょに調理し，共に食べるという活動である．

事例5や事例6のように，自宅に招き，いっしょに調理をしながら食事をする鍋料理ならば，さらに人間関係は深まるだろう．若者たちが共食を通じて恋人や友人との関係を育んでいる様子が，これらの事例から浮かび上がってくる．ただ，こうした関係づくりが得意な学生は家族ともよく鍋料理を食しており，家族の食習慣は子どもの自立と深く関わっているともいえよう．

さて，自立した子どもたちは，やがて伴侶をみつけ新しい家庭を築いていく．次に示す事例7は，現代の若者たちの結婚生活の一面を示したエピソードである．

4. 鍋料理からみる子どもの結婚

事例7　鍋と姉の新婚生活

今年の5月に姉は結婚して家を出ました．でも，さびしいからなのか，頻繁にうちに遊びに来たり，ご飯を食べていったりします．つい先日，また姉がやってきて晩ごはんを食べた時のことです．前までは鍋が嫌だと言っていた姉なのですが，モリモリと食べていました．「なんでなん？」と聞いてみると，姉の旦那さんは仕事が忙しく，毎晩11時頃にしか帰ってこなくて，いつも食卓がさびしいそうです．だから家族そろって食べるのはすごく楽しいし，鍋もおいしい！　という訳です．

この事例には，現代の若者たちを取り巻く現実の一端が示されている．それは，ひきこもりやニートの対極にある過重労働を担う若者たちの姿である．リストラによって人員が大幅に削減された労働現場を支えているのが，事例7の姉の夫であろう．彼は新婚であるにもかかわらず，深夜まで残業しなければならない．残された妻は孤食に耐えられず，頻繁に実家で食事をとっている．「家族そろって食べるのはすごく楽しいし，鍋もおいしい」と分かっていても，そ

れを許さない現実があり，このことが子どもと家族の自立を遅らせるとともに，夫婦の情緒的関係を不安定にする要因のひとつともなっている．

高度経済成長期は，長時間労働に見合うだけの給与の上昇と耐久消費財による生活の向上が実感できた時代であり，妻たちの多くは夫の長時間労働に不満はあっても忍耐し，家族の形態を維持しようと努めてきた．しかし豊かさを享受した現在では，妻の不満は募るばかりである．

これまでみてきたように，現代の家族関係は，情緒的関係が重視されるが，それは自然につくられるものではなく，共食や共同の家事を通じて，維持し，育んでいくものである．鍋料理をめぐる7つのエピソードは，そのことを端的に示しているといえよう．

第4節　食生活の変容と家族関係をつくる基盤

今回調査したすべての学生が小学生の頃は家族全員で鍋を食べたと答えている．鍋料理の頻度は季節によって変動するが，秋・冬では回答者の4分の1が週1回以上は鍋料理をしたと答え，全体の8割を超えるものが月2回以上は鍋料理をしたと答えた．1980年代半ばに生まれた現代の大学生にとっても，鍋は家族全員が囲む料理といえよう．

しかし，中高生の頃では家族全員で鍋を食べる割合は8割に減少し，2割の学生は母親と子どもあるいは子どもだけで鍋を食べるようになったと答えている．これを子どもの成長による家族関係の変化とみるか，「家族全員で同じ鍋を食べる」という鍋料理の作法の変化とみるかどうかは今回の調査では速断を避けたい．ただし，現時点で指摘しておきたい点は，学生たちが中高生であった1990年代後半に家庭で行う鍋の種類に大きな変化が起こったことである．

学生たちに，よくつくる鍋の種類を複数回答で尋ねたところ，小学生の頃は圧倒的に水炊き（17人）が多かったのに対し，中高校生になるとキムチ鍋（10人）が急激に増加し，大学生の現在ではキムチ鍋（18人）が水炊き（10人）を抜く．1994（平成6）年に大流行したキムチ鍋は，90年代後半に完全に家庭料理として定着したといえよう．冒頭で2004（平成16）年の韓国ブームにふれ

たが，その数年前に韓国を代表する食材であるキムチは日本の家庭に根付いていたのである．

ところで，キムチ鍋の定着は，僅かではあるが，「同じ鍋で食べる」という鍋の作法を変化させたようである．ある学生の証言によると，キムチ鍋をするようになって，一人用鍋を家族の人数分用意し，具材は同じで味を変える（各自の好みで水炊きにするかキムチ鍋にするか選ぶ）という食べ方をするようになったという．家族のメンバーにキムチを苦手とするものがいたからである．

このことは「家族全員で食べる」という作法をも変化させた可能性がある．「同じ鍋で食べる」から家族全員で食べるのであり，別々の鍋であれば家族全員にこだわる必要はないからである．

1990年代の鍋料理に起こったこのような変化が，「家族全員で同じ鍋を食べる」という鍋料理の作法を全面的に変えるかどうかは現時点では分からない．しかし，もし，鍋料理が「一人で食べる」方向へ変化するようなら，現代の家族は鍋料理に代わる共食の在処を探さなければならないだろう．

なぜなら，家族の情緒的関係は自然に生まれるものではなく，日々の生活の中で育んでいくものだからである．そのためには，食事や掃除や買物など，何気ない日常生活を家族で共有する経験とそのための不断の努力が不可欠であり，こうしたことが家族関係をつくるうえでの基盤となるのである．

参考文献

- 足立己幸他『なぜひとりで食べるの』日本放送出版協会，1983年
- 足立己幸他『NHK 知っていますか子どもたちの食卓—食生活からからだと心がみえる』日本放送出版協会，2000年
- 青木俊也『再現・昭和30年代団地2DKの暮らし』河出書房新社，2001年
- 小泉和子『ちゃぶ台の昭和』河出書房新社，2002年
- 岩村暢子『変わる家族変わる食卓—真実に破壊されるマーケティング常識』勁草書房，2003年

第7章

地域社会と教育

第1節　日常生活圏としての地域社会

　地域社会，地域，またコミュニティといった言葉から，あなたはどのようなことをイメージするだろうか．たとえばそれは風景であったり，また祭などのイベント，友達や知人などそこに住んでいる人たちのことだろうか．これらの言葉からイメージするものは，人によってさまざまだろう．本章では，この多様なイメージを持つ「地域社会」と教育との関わりを考えていくが，まずはじめに，そもそも教育との関わりを考える上で，「地域社会」というものをどのように捉えたらいいか，について検討しておきたい．

　地域社会，地域，またコミュニティという言葉はいくぶん曖昧な響きをもっている．例えばコミュニティづくりという場合，通常は市区町村程度かまたはそれよりももっと小さな一定の地理的範囲を想定しつつも，たんに地理的な範囲を表すだけではなく，そこに住む人と人とのつながりをつくり出す，といったことが意識されている．他方で，EU（European Union：欧州連合）の前身であるEC（European Communities：欧州共同体）の加盟国は最終的には12ヵ国だったが，それほどの地理的な広がりをもったものを示す場合に使われることもある．同様に地域という言葉にも，たとえばアジア太平洋地域といった使い方がある．

　ここにあげた例以外にも，さまざまな場面で使われるこれらの言葉だが，たとえば「コミュニティ」は，「地域社会，共同社会，地域共同社会，共同体など

の訳語が用いられてきたことから理解されるように，地域性と共同性という二つの要件を中心に構成されている社会をいう．(以下略)」(塩原勉他（編）『新社会学辞典』，有斐閣，1993 年）のように説明される．ここでの説明から「地域社会」が「コミュニティ」の訳語であることもわかる．「地域性」と「共同性」という言葉は厳密に分けることは難しいが，「地域性」とは「ある地域の住民の多くに共通してみられる社会経済的諸属性，態度，意見，生活習慣，価値観，およびその背後にある歴史的・文化的あるいは社会経済的特性，そして自然環境の特質」（塩原他，前掲）のことであり，「共同性」とは人と人とのつながりであるとか共通の利害・関心をもっていること，連帯感や一体感をもっていることなどを表すと考えていいだろう．先にあげたコミュニティづくりや EC という例も，この二つの観点から考えることができる．

では，教育との関わりで地域社会というものを考える場合には，どのように捉えたらいいのか．近年，「地域の教育力の低下」が指摘されているが，この問題について述べられたことを参照しながら，まず地域社会の地理的な範囲について考えてみたい．

1995（平成 8）年の中央教育審議会答申「21 世紀を展望した我が国の教育の在り方について（第一次答申）」では，子どもを取り巻く地域社会の現状として次のように述べられている．

> 都市化の進行，過疎化の進行や地域社会の連帯感の希薄化などから，地縁的な地域社会の教育力は低下する傾向にあると考えられる．例えば，平成 5 年の総理府の世論調査を見ると，自分と地域の子供とのかかわりについて，（中略）約 3 割の人が地域の子供とのかかわりを全く持っていないと答えている．(以下略)

また，2004（平成 16 年）の中央教育審議会生涯学習分科会「今後の生涯学習の振興方策について（審議経過の報告）」では「地域の教育力の向上」に関して次のように述べられている．

> 子どもが「生きる力」をはぐくむためには，学校，家庭，地域が相互に連携しつつ，家庭や地域社会における教育力を充実させ，社会全体で子ど

もを育てていくことが重要である．このため，異年齢の子どもや異世代の地域の人々とのかかわりの中で，様々な体験の機会を提供し，子どもの自主性・創造性・社会性を涵養するとともに，触れる・体験するといった感覚を通して情操を養うなど，地域の大人の力を結集して子どもを育てる環境を整備することが求められる．

それぞれ「地域」「地域社会」という言葉が出てくるが，ここでの「地域」「地域社会」は，子どもや大人が住んでいる「地域」「地域社会」をさしていると考えることができる．また，より具体的には，「学校，家庭，地域が相互に連携」とあることから，「地域」としては小学校区（あるいは中学校区）が想定されていると考えられる．

これらはいずれも子どもについて述べられたものだが，このような小学校区程度の地理的な範囲は大人について考える際にも重要な意味を持っている．次に示すのは，ある公共図書館の来館者に関する調査結果（大阪大学人間科学部社会教育論講座『ニュータウンの中の図書館』1981年）であるが，図7.1からわかるように，この図書館への来館者は，一定の距離を超えると急激に減少している．このような傾向は，この調査の対象となった公共図書館だけではなく，他の類似の調査でもほぼ同じである．もちろん図書館の規模などいくつかの要因にもよるが，市民にとって最も身近な市区町村立図書館のサービスエリアは，せいぜい半径1kmまでとされている．

小学校区は必ずしも小学校を中心にした半径1kmであるわけではないが，以上のことから，まず教育とのかかわりで考える場合の地域社会の地理的な範囲として，おおむね小学校区程度の広がりを想定することが妥当だと考えられる．

では，このような小学校区程度の広がりをもつ地域社会とは，どのような場なのだろうか．

先に地域社会の地理的な範囲を考える際に「ここでの『地域』『地域社会』は子どもや大人が住んでいる『地域』『地域社会』をさしている」と述べた．また先の図書館の来館者に関する調査は，図書館から現住所までの距離を集計した結果である．したがって，いずれも「居住する場所」である，ということが重要な要件となっていることがわかる．しかし，単に居住する場所である，とい

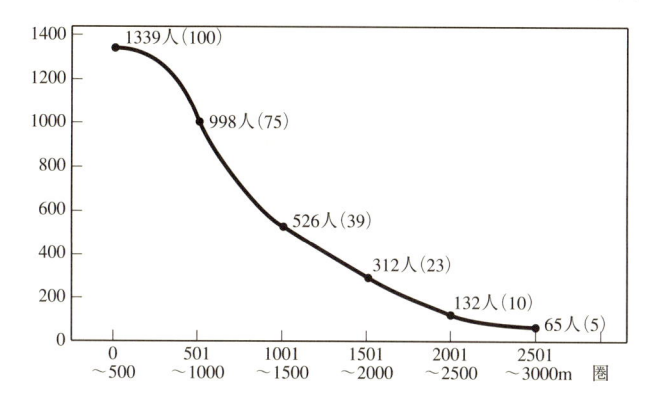

図7.1 圏域別図書館への来館者数（人口10万人あたり）（大阪大学人間科学部社会教育論講座「ニュータウンの中の図書館」，1981）
（　）内は0～500m圏を100としたときの指数．

うだけでは地域社会を小学校程度の広がりで考えることの重要性はみえてこない．重要なのは，それが日々の生活を営む場，であるからだ．

> 私たちの生活圏を考えてみると，その空間的広がりは，日単位，週単位，月単位，年単位というように，時間の単位が大きくなるにつれて拡大していく．ウィークエンドを利用した行楽とか，年に1度の家族旅行とかの空間的広がりを考えてみれば，そのことを容易に理解できるであろう．同じことは，社会教育施設の利用についてもいえる．（中略）もっと日常生活のレベルで，気軽に利用できるような施設を設けなくてはならない．（友田泰正「コミュニティに住む―社会教育環境と人間―」中島義明他（編）『すまう　住行動の心理学』朝倉書店，1996年）

これは図書館を含む社会教育施設の整備に関して述べられたものだが，ここから日常生活を営む場としての生活圏という考えの重要性がわかる．つまり図書館などの社会教育施設は，日常的に気軽に利用することができる，またそういった場所にあるということが重要になってくる．

教育との関わりで地域社会考えるとき，多くの場合，小学校区程度の範囲を前提としている場合が多いが，それはここで考えたように日常生活を営む範囲，

つまり日常生活圏として考えることが重要だからである．

第2節　子どもの発達と地域社会

例えば年齢や所属する学校，公共交通機関の発達した地域に住んでいるかどうかなどによって異なるが，地域社会を日常生活圏として考えるのなら，当然のことながら子どもの日常生活は地域社会の範囲内で行われることになる．子どもは日々の生活の中で発達・成長していくが，次に，このような日常生活圏としての地域社会が子どもの発達・成長にとってどのような意味を持つのかをみていきたい．

1.　「遊び空間」としての地域社会

藤本浩之輔は著書『子どもの遊び空間』（日本放送出版協会，1974年）の中で，「家庭という生活空間と学校という生活空間の間にある第三の生活空間，すなわち，遊び空間に焦点を」あて，その一部で「子どもたちの日常の行動圏，つまり，ひとつの小学校区をとりあげ」ている．さらに，子どもたちにとっての遊びについて次のように述べている．

> 遊びは学習であるという時，知識の習得とか，学校の勉強に直接関係があるという意味でいっているのではない．もっと基本的な社会的能力・創造力・運動能力などの育成・獲得という意味でいっているのであり，人間として生きていく上での基盤になるものの学習という意味である．（藤本，前掲）

つまり藤本は，日常生活を営む範囲である小学校区程度の広がりを，子どもたちにとっての「遊び空間」として捉え，そしてそこで行われる「遊び」は，子どもたちにとっては「学習」であると指摘する．

では，子どもたちは「遊び」を通して何を学んでいるのだろうか．藤本の議論をまとめると，図7.2のようになる．ここで，知的能力，巧緻性・運動能力の二点については特に異論はないだろう．子どもは遊ぶときに，創造力やイマジネーションを働かせながら様々な工夫をこらすし，遊びによっていろいろな

1. 社会的能力 　①人間関係のあり方，人と人とのつき合い方 　②社会的ルール，個人の果たすべき役割，責任 　③自立
2. 知的能力 　工夫する力，創造力，イマジネーション
3. 巧緻性（手足の器用さ）・運動能力
4. 経験の拡大・充実

図 7.2　［藤本浩之輔『子どもの遊び空間』をもとに著者が作成］

やり方で身体を動かしている．これらを通じて，知的能力や巧緻性・運動能力が高められる．

　また，このような遊びが行われる地域社会は「社会の成り立ちやしくみ，人間の生き方，動物や自然とのつき合い方を，理屈ではなく，感覚として，体験として学習する場であ」って，「学校や書物から情報として習得する知識は，そういった具体的な経験によってテストされ，うらづけられないことには有用なものとはならない」（藤本，前掲）と指摘する．藤本のいう経験の拡大・充実とはこのような意味である．

　社会的能力については，特に仲間集団の役割を指摘する．子どもは仲間と遊ぶことによって，しだいに保護者からの自立を果たしていくし，仲間との関係の中から，人とのつき合い方やルール，またその中で自分が果たすべき役割や責任を学んでいく，ということは想像に難くない．子どもは年齢が上がるにつれ，はじめは保護者と一緒に行動していたのが，しだいに保護者のみえる範囲だが少し離れて遊ぶようになり，またしだいに保護者がそばにいなくても仲間と公園などで遊ぶようになる．また，仲間との遊びには様々なものがあるが，その中には明文化されていなくても一定のルールがあるし，例えば仲間の中で二つのグループに分かれて遊ぶ場合，基本的にはそのグループ分けが不公平でないようにしなくてはならない．それに対する不満が仲間の中にある場合には，子どもたちの中で，その問題を解決する必要に迫られる．藤本は「それらが単

なる知識や理屈としてではなく,生活感覚として,身体を通したものとして学習されるところに」仲間集団の意味を見出している.

2.「集団生活」が行われる場としての地域社会

藤本は子どもの生活を「遊び」を中心に考え,「遊び」を通した子どもの成長・発達について検討しているが,子どもの発達についての社会学的研究を行っている住田正樹は,子どもの生活を「集団生活」として考え,この点から子どもの社会化について検討している.

> 子どもの日常生活とは,以上のように,具体的には子ども自身が所属している諸々の集団のなかでの生活であり,子どもは,こうした集団生活を通して社会化されていく.しかし具体的には,そうした集団において子どもと直接的な対面的関係にある成員との相互作用を通して子どもは社会化されていくのである.(住田正樹『地域社会と教育 子どもの発達と地域社会』九州大学出版会,2001年)

住田は子どもの日常生活と社会化についてこのように述べ,子どもの社会化の形態を図7.3のように4つにパターン化している.ここで「拘束的他者」とは例えば保護者など,関係を持つ対象として子ども自身が選ぶことができない人を,「選択的他者」とは遊び仲間などの,関係を持つ対象としてある程度自分で選ぶことができる人を表している.また,「インフォーマルな関係」とは自然的に発生するような関係,「フォーマルな関係」はそうでない関係を表している.このようにパターン化された領域にあてはまる集団として住田は,家族集団,遊戯集団(仲間集団)および隣人集団,地域集団,学校集団をあげている.

家族集団と学校集団も,ともに地域社会の中に存在すると考えて基本的には差し支えない.しかし住田は,家族集団と学校集団をのぞく,遊戯集団(仲間集団)および隣人集団と地域集団を「居住の近接性という地縁を契機として結合する,いわゆる地域の集団」であると指摘し,その理由として,基本的に「子どもの日常生活が一定の地理的範囲を越えて営まれることはない」「こうした地域の集団における生活が,実は子どもの地域生活」であると述べている(住田,前掲).ここで,遊戯集団(仲間集団)とは,簡単にいえば子ども同士の遊

第2節　子どもの発達と地域社会　　127

```
              拘束的他者
                │
         Ⅳ     │     Ⅰ
                │
フォーマルな関係 ─────┼───── インフォーマルな関係
                │
         Ⅲ     │     Ⅱ
                │
              選択的他者
```

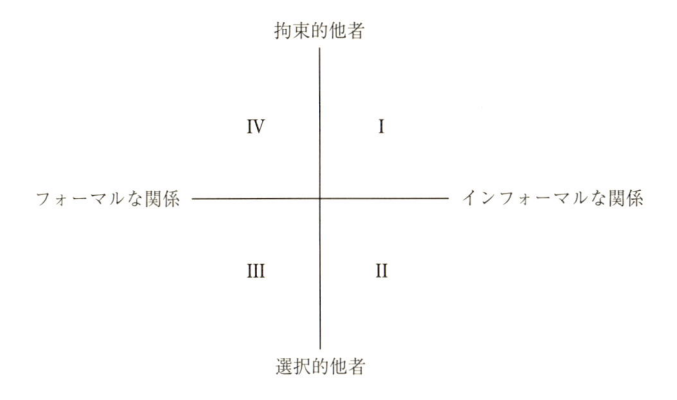

図7.3　子どもの社会化形態［住田正樹『地域社会と教育』より］

び仲間のことであり，隣人集団とは，仲間の保護者やその他の大人のことを表している．地域集団とは，例えば子ども会などであるが，それを後援するような大人の集団も含まれる．

　住田は子どもの関わる集団をこのように整理し，子どもの地域生活の特徴として，①子ども独自の世界，②子どもの自発的領域，③地域生活の多様性，をあげる（住田，前掲）．

　子どもは原則的に自由に，地域の他の子どもたちと仲間をつくり，活動する．必ずしも同年齢だけではないが，おおむね同世代である．この集団は家族集団や学校集団における大人と子どもとの関係（保護者や教師と子どもとの関係）とは違って，原則的には子どもどうしの上下関係のない集団であり，またそこには大人が関わることはほとんどない．また，そもそもこれらの集団への参加そのものも，原則的には子どもの意思に左右される．このようなことから住田は，特に遊戯集団（仲間集団）を「子ども独自の世界」「子どもの自発的領域」として捉える．また，このような「子ども独自の世界」に，先にあげたフォーマル・インフォーマルな関係，子どもどうし，また子どもと大人との関係のように，多様な関係を含んでいること指摘し，それを「地域生活の多様性」という言葉で表している．

　このような地域社会は子どもにとって，「日常的な対面的接触の可能な範囲であ」り，「そしてその領域内での社会的相互作用が地域社会の社会化作用と

して機能する」(住田，前掲)．社会化とは，個人が自分の生活している社会における価値観や知識，スキル，行動様式などを習得する過程を意味している．これは個人にとっては，自分の生活している社会に適切に参加するために必要とされることでもあるし，また社会の側からは，その社会に属する個人の社会化は，その社会の存続に関わるものでもある（ただし，個人は必ずしも一方的に社会化されるのではないことにも留意しておかなくてはならない）．

社会化は必ずしも子どもの時期にだけあてはまるわけではないが，住田は大人の社会化と子どもの社会化の違いを二つあげる．第1に，「子どもの社会化はあらゆる役割の学習に関わる全人格的なもの」であるということ，第2に，「子どもは他者，ことに大人からの社会化圧力あるいは社会化の方向づけに対して何ら抵抗する力をもっておらず，抵抗する手段をもたない」(住田，前掲)ことである．大人であれば一般に，その社会で生きていくための知識なりスキルをすでに一定程度は身につけているし，また他者からの社会化の圧力に対して，それが自らの考えに合わなければ，一定程度はそれを拒否することもできる．もちろん相対的なものだろうが，子どもは未だ社会化された存在ではないし，大人に比べれば社会化の圧力に対する抵抗手段をもたない，といっていいだろう．こういった点で「子ども期の社会化の方が大人の社会化に比べてはるかに強力であり，ドラスティック」(住田，前掲)なのである．

地域社会は，このような子どもの社会化が行われる場であり，「それが子どもの社会化に対してもつ本来的な意義は，地域社会それ自体が子どもの日常の生活過程であるということ，したがって社会化過程でもあるということ」(住田，前掲)である．

以上のように，藤本は家庭や学校以外での子どもの日常生活を「遊び」として，子どもにとっての地域社会を「遊び空間」として捉え，また住田は子どもの日常生活を「集団生活」として捉え，いずれもその中で，子どもが「人間として生きていく基盤になるもの」(藤本，前掲)を習得していくことを指摘している．また，両者ともそこに果たす「仲間集団」の重要性を指摘している．

第3節　フルタイムの住民にとっての地域社会
―徒歩圏における環境整備

　ここまで，子どもの発達にとって地域社会がどのような意味を持つのかについて，藤本と住田の議論を参照しながら考えてきた．ここからは大人の場合も含めて考えてみたい．

　大人の場合，子どもと比較すれば相対的に日常生活圏が広くなる．一時期都市部から郊外へと移転した大学が，近年，都市部にサテライト・キャンパスなどをあらたに設置する例が多くみられるが，このような動きは学生としての社会人を意識した動きだと考えていいだろう．つまり，特に都市部では公共交通機関の利用も多くなるため，それを利用する社会人（大人）にとってアクセスしやすい場所にサテライト・キャンパスを設置することが，社会人学生の受入にとって重要なことと意識されている現れだと解釈できる．こういった点からはターミナル施設やその周辺地域が重要性を帯びてくる．

　しかし，前述した公共図書館への来館者調査などによって，来館者は図書館と自宅との距離がある一定の距離を超えると急激に減少することが明らかにされている．これは子どもか大人かに関わらず同じ傾向である．また，同じ調査では，図書館への来館方法を尋ねているが，多くの場合徒歩あるいは自転車である．調査対象となった図書館は駅（ただしターミナル施設ではない）に隣接して設置されているものの，電車を利用しての来館はほとんどない．こうしてみると，大人であっても日常生活圏としての地域社会はやはり重要である．

　このような図書館も含めた文化施設の整備を，梅棹忠夫は次のように水道事業にたとえている．

　　　文化行政とは，ひとくちにいうと，行政が国民生活に文化を配給する仕事である．施設をつくって文化をうながす，たとえてみれば水道事業のようなものといえよう．これは「心の渇をいやすもの」を配給する仕事である．（梅棹忠夫『梅棹忠夫著作集第21巻　都市と文化開発』，中央公論，1993年，初出1975年）

　梅棹は水道事業にたとえながら，文化を地域に住む一人ひとりに届けるべき

だと指摘する．梅棹はこのような指摘をすでに1970年代から行っているが，教育の普及，また教育水準の高まり，経済の発展，および平均寿命の延びにともなう余暇の増大などにより国民の文化的欲求が高まっており，すでに民間レベルでそれを処理できる限界を超えている，というのがその理由である．

先の引用に「心の渇をいやすもの」とあったが，これは文化のことを示している．ここで述べられている文化とはいわゆる文化活動を表しており，たとえば茶道や華道などの趣味やおけいこごと，読書，スポーツ，グループ・サークル活動，学習活動，など様々なものが含まれる．梅棹はこのような文化活動のことを，「心のゆとり」「あそび」「知的レジャー」「知的アミューズメント」「心の渇をいやすもの」，また腹のたしにたとえて「心のたし」などと述べている．このような表現からは，学習活動でも，いわゆる勉強ではなくて，人々にとってそれを学ぶことが楽しみとなっていることなどを示唆していると考えられる．

先に述べたように，こういった「あそび」に対する人々の欲求が高まっていることを梅棹は指摘し，その上で，このような「あそび」に対する欲求はすでに民間レベルでは対処できないため，主として施設，ハードウェアの整備に関して行政が支援すべきだと述べる．

梅棹はこの文化施設について，図7.4のように「世界志向」と「地域住民志向」，「歴史志向」と「現代生活志向」の二つの軸によって四つに分類している．各象限に分類される施設がどのようなものかについては，図に例示されてあるものを思い起こせば十分だろう．梅棹は，都市においては「世界志向」の文化施設も必要だが，それだけではなく地域に住む一人ひとりに文化を供給しなくてはならないと指摘する．これは図の「地域住民志向」の側の二つの象限の文化施設をどう整備するか，という問題である．左下の象限については，次のように述べている．

> これには市民の日常的な文化活動の拠点がかぞえられます．たとえば公民館，小劇場や集会場をもふくめて，地域ごとの「会館」のネットワークです．それから，地域ごとの公共図書館，これはいくらあってもよい．各区・各町内にひとつずつあってもよい．それから，小スポーツ・センター，大衆ジムなども，ひろくゆきわたらせる必要があります．いずれも，小規

第3節　フルタイムの住民にとっての地域社会

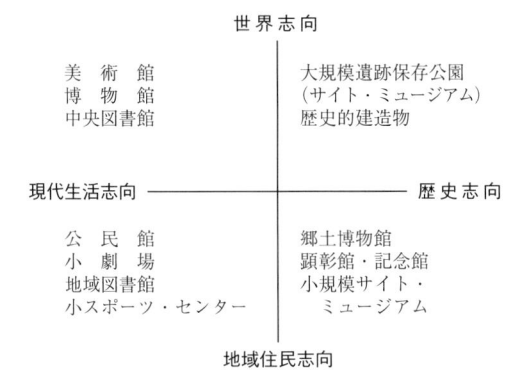

```
                      世界志向
                        │
  美 術 館          │  大規模遺跡保存公園
  博 物 館          │  （サイト・ミュージアム）
  中央図書館        │  歴史的建造物
                    │
現代生活志向─────┼─────歴史志向
                    │
  公 民 館          │  郷土博物館
  小 劇 場          │  顕彰館・記念館
  地域図書館        │  小規模サイト・
  小スポーツ・センター│    ミュージアム
                    │
                  地域住民志向
```

図 7.4　［梅棹忠夫『梅棹忠夫著作集第 21 巻』より］

模ながら同種のものが各地区にあり，全体でひとつのネットワークを形成する，という性質のものであろうかとかんがえます．（梅棹，前掲，初出 1975 年）

さて，梅棹は文化施設を先のように分類して考えているが，それは都市における文化開発の問題を検討する中で出てきたものである．その中で「都市の人間」について梅棹は次のように述べている．

　都市の人間というものは，今や「居住民」から「利用民」へと変化しつつあるのだ，ということです．「利用民」というのは妙なことばですが，そこに居住はしていないけれど，そこを利用し，生活している人たちです．（中略）そのような利用民の立場からいえば，都市というものは，いわばファシリティーズつまり施設の集合体である．一種の便益集合体である．（中略）誰のためのファシリティーズかというと，かなずしもその地域の居住民のためではなく，利用民一般，あるいはひろく世界のためだ，ということです．（梅棹，前掲，初出 1973 年）

ここで注目したいのは「居住民」と「利用民」という考え方である．先の分類で「世界志向」の側に分類される施設は，どちらかといえば「利用民」のためのものである．本節のはじめに，大学によるサテライト・キャンパス設置の

動きについて少し触れたが，これもどちらかといえば「利用民」を意識した動きとして理解できる．逆に「地域住民志向」の側に分類される施設は，その言葉通り「居住民」のための施設である．梅棹は「居住民」のための施設は「各区・各町内にひとつずつあってもよい」「小規模ながら同種のものが各地区にあり全体でひとつのネットワークを形成する，という性質のもの」（梅棹，前掲）と述べている．同様の指摘に次のようなものがある．

　　居住の場を，通勤や残業に多くの時間を費やす有職者の視点からとらえること自体が，本来まちがっているのである．
　　居住の場は，このような有職者の視点からではなく，むしろ退職者や児童，さらには専業主婦のように，その中でほとんどすべての時間を費やす人々の視点に立ってとらえなおされるべきである．これらの人々は，いわば居住地におけるフルタイムの住民であるのに対して，有職者はパートタイムの住民であるにすぎない．（友田，前掲）

ここでは梅棹のいう「居住民」に対応するものとして「居住地におけるフルタイムの住民」という言葉が使われている．フルタイムの住民はその名の通り，日常生活の大半を地域社会ですごしているが，居住の場の環境整備は，このような立場から考えるべきだ，という指摘である．

NHK放送文化研究所（『日本人の学習』第一法規，1990年）が行った調査では，市民の学習に対する関心は潜在的には高く，学習領域の点で最も関心の高いのは，趣味・おけいこごととなっている．また，スポーツ・レクリエーションに対する関心も高い．他の多くの調査でも同様の傾向がみられる．こういった人々の文化活動に対するニーズを満たす，という点でも日常生活圏としての地域社会という場がきわめて重要となってくる．先に，図書館への来館者の多くは徒歩・自転車などの手段で来館すると述べたが，その意味では日常生活圏を「徒歩圏」ということも可能である（友田，前掲）．つまり「地域住民志向」の文化施設は，徒歩や自転車，車いすなどの移動手段で気軽に行くことのできる範囲に設置する必要がある．

子どもの場合も「フルタイムの住民」なのだから，これは同様である．子どもの遊び環境についての調査・研究や建築を行っている仙田満は「児童公園以

下の幼児公園というような意味の小さな公園の整備をもっと進めるべきだ．それは家から 100 メートル以内にあるように配置され，面積 100〜300 平方メートルが目安だろう．小さな子どもや老人や地域のコミュニティ広場としても，十分に役割を果たすはずだ」と述べている（仙田満『子どもとあそび―環境建築家の眼―』岩波書店，1992 年）．

第4節　地域社会という「場所」，またその「意味」

　ここまで，地域社会と教育との関わりについて，日常生活圏としての地域社会，という角度から考えてきた．地域社会は子どもにとっての「遊び空間」「集団生活の場」であり，子どもは「あそび」や「集団生活」を通じてさまざまなことを学んでいる．また，大人と子どもとに関わらず，「フルタイムの住民」にとって，自らのあそびや文化・学習活動に対するニーズを満たすための日常生活圏＝徒歩圏という考えが重要である．

　最後に，ここまでの議論を整理するために，エドワード・レルフ（Edward Relph）の議論を参照しながら「地域社会という場所」というものについて考えてみたい．

　　日常生活においては，私たちは，自分が生活している場所に対してもっている深い心理的で実存的な紐帯を意識することはほとんどないかもしれないけれども，この関係が日常生活にとって重要でないとはいえない．私たちにとって重要なのは，物理的な外見そのもの，すなわち場所の景観であるということかもしれない．あるいはそれは，時を越えた場所の持続性についての意識かもしれないし，またあるいは，「ここ」とは私たちが知りまた知られているところ，ないしは私たちの生活の中でもっとも意義深い経験をしたところだという事実かもしれない．しかし，もし私たちが本当に場所に根を下ろしそれに愛着を感じるならば，つまりもしこの場所が真に私たちの「住まい」であるならば，これらのすべての面が根元的に意義深く，不可分なものであろう．このような「住まいの場所」はまったく人間存在の基礎であり，すべての人間活動の背景となるだけではなく，個々人や集団に対して存在保証とアイデンティティを与える．（Relph E, *Place and Placelessness*, 1976, 高野岳彦他訳『場所の現象学　没場所性を越えて』筑摩書房, 1991年)

　ここでレルフが述べる「住まいの場所」は, 本章でここまでに考えてきた小学校区程度の地理的な範囲である地域社会とは限らない. もっとひろい場合もあるだろうし, またそうでないこともあるだろう. しかしここで注目したいのは「根を下ろす」ということである. レルフは別の部分でシモーヌ・ヴェイユ (Simone Weil) の *The Need for Roots* (1955) を引きながらこう述べている.「根付くことに対する欲求は, 秩序や自由, 義務, 平等, そして安全に対する欲求と少なくとも同等の価値をもつ. そしてある場所に根付くことは, おそらく他の精神的欲求のために必要な前提条件である.」「ある場所に根付くことは, そこから世界をみる安全地帯を確保し, また物事の秩序の中に自分自身の立場をしっかり把握し, どこか特定の場所に深い精神的心理的な愛着をもつということである.」(レルフ, 前掲)

　レルフは場所を構成する要素として「物質的要素」「人間の活動」そして「意味」をあげる.「物質的要素」「人間の活動」については, 特に説明を要さないだろう. 前者は空や海, 山などの自然や, まち, 建物など人が創った環境を表す. 個々の「人間の活動」も, たとえば創造的活動, 個人的活動などさまざまに考えることができる.「意味」については, 次のレルフ自身の説明をみよう.

　　たとえば, 航空写真に写っているような, 建物と物質的なものだけから成り立っている町を思う浮かべてみよう. この物質的背景の中で人間の活動を厳密な客観性をもって観察する人は, その動きをアリを観察する動物学者の眼で観察するだろう. つまり, 規則的なパターンで動くもの, 物を運搬しているもの, 生産したり消費したりしているもの, などのように. しかし, 現にこれらの建物や活動を経験している人ならばそれとはまったく違ったように見る. すなわちそれらは美しいか醜いか, 役に立つか邪魔物か, わが家, 工場, 楽しいもの, よそよそしいもの, というふうに. つまりそれらは意味に満ちている. 三要素のうち, はじめの二つはおそらく簡単に認識できるけれども, 意義や意味の要素はなかなか把握しがたい.(レルフ, 前掲)

本章では「物資的要素」としては文化施設の整備について少しふれ,「人間の活動」としては,子どもの遊び,集団生活,また文化活動について述べてきた.しかし,「意味」については特にふれていない.本章では地域社会を日常生活を営む場としてとらえてきたが,人々がそれをどのようにみているのか,つまり「意味」を考えることも重要である.もちろんレルフもいうように,それは良い「意味」だけではない.ある人にとっては苦痛であったりすることもあるだろう.本章の中で,社会化についてもふれているが,社会化に関してもたとえば性別役割の習得など,場合によっては個人にとって抑圧的に感じられるものもある.

本章の最初に,地域社会などの言葉からどのようなイメージをもつか尋ねたが,それはあなたにとって地域社会がどのような「場所」であるのか,また,あなたが地域社会に「根付くこと」ができていると感じられるか,につながる問いだろう.「根付くこと」は必ずしも地域社会に関してのみあてはまることではない.家庭や学校,職場などさまざまな場所が考えられる.それでも本章でみてきたように,日常生活を営む場としての地域社会は「住まいの場所」(レルフ,前掲) としてきわめて重要となってくる.近年「居場所」に関する議論が持ちあがっているが,これも「根付く」という観点から考えることができるだろう.新たに社会の中で居場所を必要とする,ということは,ある意味では「住まいの場所」をもっていないということだろうし,そのために「存在保証とアイデンティティ」がない状態だと考えることもできる.

レルフは「物質的要素,人間活動,そして意味の三者が,どのような仕方で常に相互連関しているのか」(レルフ,前掲) が重要であると指摘する.本章ではこの「三者」について十分にふれる余裕がなかったが,本章での議論をもとに,あなたにとっての地域社会という場所,について考えてみてほしい.

参考文献

- 梅棹忠夫『梅棹忠夫著作集第 21 巻　都市と文化開発』中央公論,1993 年
- 住田正樹『地域社会と教育　子どもの発達と地域社会』九州大学出版会,2001 年
- 仙田満『子どもとあそび―環境建築家の眼―』岩波書店,1992 年
- 友田泰正「コミュニティに住む　―社会教育環境と人間―」中島義明他 (編)『すまう　住行動の心理学』朝倉書店,1996 年

- 藤本浩之輔『子どもの遊び空間』日本放送出版協会，1974年
- Relph E, *Place and Placelessness*, 1976，高野岳彦他訳『場所の現象学　没場所性を越えて』筑摩書房，1991年

第3部

探究

第8章

教育における自律性

第1節　はじめに

　自分がどのように行為すべきかを，自分で考えて自分で決定する．現代において，このことは，人間の行為の価値を計る一つの重要な基準となっている．
　たとえば，ボランティアで公園の清掃をするという行為を取り上げてみよう．AさんもBさんも，一見したところ，熱心に公園を清掃している．しかし，Aさんは学校の教師から公園清掃のボランティアに参加するように言われ，その言葉に促されてやってきており，一方，Bさんは特に誰に言われたわけでもなく，自ら思い立ってやってきた．この場合，私たちは，Aさんの行為よりもBさんの行為の方がより価値がある，というような感覚を抱くのではないだろうか．
　一般に，自分がどのように行為すべきかについて，他者からの命令や指導に従うのではなく，自分で考えて自分で決定することを，「自律」と呼ぶ．18世紀ドイツの哲学者カント（I. Kant, 1724〜1804）は，自律を「成人性」の中核的な概念として位置づけた．そして，子どもを成人にするための働きかけである教育の目的を，他者からの命令や指導なしには妥当な思考ができない未成年状態から，それがなくても自分のことは自分で考え適切な決定をすることができる自律した状態へと子どもを導くこと，と規定したのである．
　カント以来，教育および教育学の領域では，このような教育目的の捉え方が基本的に踏襲され，現代の日本においてもやはり根強く支持されている．たと

えば，中央教育審議会答申「新しい時代を拓く心を育てるために―次世代を育てる心を失う危機―」（1998年6月）のなかでは，人類にとって厳しい危機の時代となることが予測される21世紀を積極的に切り拓いていくような人間に必要な能力として「生きる力」が掲げられ，この「生きる力」の一つに「自分で課題を見つけ，自ら学び自ら考える力」，つまり自律が挙げられている．

たしかに，自分の行為を自分で考えて自分で決定すること，すなわち自律は，理念そのものとしては否定されるべきものでも非難されるべきものでもない．ところが，この理念がさし示すような状態を教育場面や生活場面に現象させようとするとき，しばしば問題や矛盾が生じてしまうことがある．

本章では，そうした問題や矛盾について考察し，これを通して，教育および教育学の領域において最も重要で基本的な概念の一つとして見なされてきた自律という概念をいま一度，問い直してみたい．

第2節 自律と共生

1. 自律への志向

すでに述べたように，従来の教育理論には，とりわけ近代以降のものには，他律的な状態から自律的な状態へと移行することを子どもの発達として規定しているものが多い．たとえば，20世紀スイスの心理学者ピアジェ（J. Piaget, 1896～1980）は，子どもが保護者の権威に従属して行為を決定している状態を他律，保護者の権威から離れて自らの内なる根拠によって行為を決定している状態を自律と呼び，前者から後者への移行を子どもの発達として捉えた[1]．

また，20世紀アメリカの心理学者コールバーグ（L. Kohlberg, 1927～1987）は，ピアジェの理論に基づいて，人間の道徳性の発達段階について論じた．コールバーグの発達段階論は，日本の学校教育においても脚光を浴び，道徳教育および道徳の授業のあり方に少なからず影響を与えている．彼の発達段階論は，次に示すような3水準6段階から構成されている[2]．

（1） 慣習以前の水準

行為を決定する要因が，目の前にいる人物の権威や（身体的な）力の強弱，あるいはまた行為によって生じる物理的な結果ないしは快楽主義的な結果にある．

第 1 段階＝罰と服従への志向

　　罰の回避と力への絶対的服従を価値のあるものと見なす段階．権威のある者，権力のある者，力の強い者から罰せられるか褒められるかが，行為の善悪を決定する要因となる．

第 2 段階＝道具主義的相対主義への志向

　　自分自身，あるいは自分と他者双方の欲求や利益を満たす行為が「善い」行為，「正しい」行為であると見なされる．物理的な有用性，俗に損得といわれる視点から，行為の価値が判断される．

(2) 慣習的水準

その人の属する既成の集団（家族，学校，企業，地域社会，国家など）の期待に添うことが価値のあることと見なされる．

第 3 段階＝対人的同調あるいは「よい子」への志向

　　他者を喜ばせたり助けたりする行為，すなわち他者に「善い」と見なされる行為が「善い」行為であると考える．

第 4 段階＝「法と秩序」の維持への志向

　　既成の社会的な権威や規則を尊重し，それに従うことが「正しい」行為であると考える．

(3) 慣習以降の水準（自律的・原理的水準）

既成の法律や権威を超えて自律的に判断し，道徳的価値や道徳的原理を自ら規定しようと努力する．

第 5 段階＝社会契約的遵法への志向

　　規則は，固定的なものでも権威によって押しつけられるものでもなく，そもそも自分たちのために存在する，変更可能なものとして理解される．社会にはさまざまな価値観や見解が存在することを認めたうえで，社会契約的な合意にのっとって行為することを「正しい」行為と見なす．

第 6 段階＝普遍的な倫理的原理への志向

　　「良心」にのっとった行為が「正しい」行為であると考える．「良心」は，論理的に妥当で，誰の立場に立っても成立する普遍的な「倫理的原理」に従って，行為の価値を判断する．その場合，法を超えて行為するということもありうる．

この段階表を見ると，他者の命令や指導に絶対的に服従する段階から，他者に認められようとしたり既成の社会的ルールに従おうとしたりする段階を経て，自分の内なる根拠に基づいて自分で善悪や正誤の判断を下し行為することができる段階へと進むことが，すなわち他律的な状態から自律的な状態へと移行することが，人間の道徳性の発達として考えられていることがわかるだろう．

2. 他者はどこに位置づくか

では，人間の発達に関するこうした捉え方に，いったいどのような問題が内包されているのだろうか．これについて述べる前に，次の質問にあなたならどう回答するかを考えてもらいたい．

> ある女性が特殊な疾病のために命を落とそうとしていた．彼女の命を救いうる特別な薬があったが，薬屋は，開発費に比べると法外な，非常に高額な値段をその薬につけていた．彼女の夫ハインツは全力を尽くして金を集めたが，薬屋がつけた値段の半分の額しか集まらなかった．そこで彼は薬屋に事情を説明し，値引きあるいは残金のあと払いを願い出た．だが，薬屋はそれを拒んだ．思いつめたハインツは妻の命を救うために薬局に薬を盗みに押し入った．
>
> ハインツはそうすべきであったか否か．また，どうしてそう考えるのか．

この質問は，コールバーグが上述の発達段階論を構築する際に用いた「ハインツのディレンマ」と呼ばれる心理テストを要約したものである．ここで重要なのは，薬を盗むという行為を肯定するか否定するかということではなく，なぜその行為を肯定するのか，あるいは否定するのかという点である．

たとえば，「ハインツは薬を盗むべきではなかった」と回答したとしよう．その理由として，Ｃさんは「盗めば，警察に捕まり，刑務所に入れられるから」を挙げ，Ｄさんは「法律上，窃盗は罪であり，法を犯すことは社会的に許されないから」を挙げたとしよう．コールバーグの発達段階論によれば，Ｃさんは発達段階の第１段階（罰と服従への志向）に留まっており，Ｄさんは第４段階（「法と秩序」の維持への志向）にある．

また,「ハインツは薬を盗むべきであった」と回答した場合,Eさんが「薬を盗んでもさほど重い刑にならないし,それなら妻が生きていてくれる方がいいから」という理由を挙げ,Fさんが「罪を覚悟で妻の命を救おうとする行為なら世間も情状を酌量してくれるだろうから」という理由を挙げたとすると,コールバーグの発達段階論においては,Eさんは第2段階(道具主義的相対主義への志向),Fさんは第3段階(対人的同調あるいは「よい子」への志向)にある,ということになる.

では,Gさんが「自分の命を救うために罪を犯したという事実を妻が知れば悲しむから.妻を悲しませるようなことはしたくないから」という理由を挙げたとしよう.これは,筆者が大学の授業で「ハインツのディレンマ」を取り上げる際に,学生から比較的多く提示される理由のうちの一つである.このような理由を挙げるGさんは,コールバーグの発達段階論のどの段階に位置づくのだろうか.

一見,第3段階(対人的同調あるいは「よい子」への志向)に位置づくように思われるが,実はそうではない.第3段階は,いわば他者から「善人」として認めてもらいたいという欲求に基づく行為である.したがって,妻から「いい夫だ」と思われたいという理由ならば,第3段階に位置づくといえる.しかし,Gさんは,自分に関する評判や評価よりも,妻の気持ちを思いやり,妻が幸福に余生を過ごすことができるかどうか,妻と自分との間に愛情に満ちた生き生きとした関係を維持することができるかどうかを重視している.これは,第3段階に位置づく行為とは区別される.

結局のところ,Gさんが挙げた理由は,基本的にコールバーグの発達段階には位置づけることができない.というのは,コールバーグの理論においては,自分の行為を自分で考え自分で決定できているかどうかということ,すなわち個人が自律しているかどうかということが強く志向されるあまり,他者とのネットワーク形成を重視したり他者との関係のあり方に配慮したりする視点が十分に考慮されていないからである[3].

どのように行為すべきかを自分自身で決定することは,自分の人生を他の誰でもない自分のものとして実感しながら主体的に生きていくためには,たしかに必要なことである.しかし一方で,私たちの多くは,充実した人生を過ごす

ことを望み，そのために信頼する友人や愛する家族や恋人を，そして彼らとの生き生きとした関係を同じくらい必要としている．その場合，彼らの人生のあり方や思考・感情のあり方に対して配慮したり応答したりするという行為は，決して未熟な行為ではなく，むしろ広い視野と豊かな見識を要する成熟した行為であるといえる．このように，人間の発達およびそれを支援，促進する教育について論じる際には，個人の自律のみを追求するのではなく，同時に，共に生きる他者との関係性についても考慮に入れる必要があるのである．

第3節　教育関係のパラドックス

1. 自律的な存在を他律的に形成するという矛盾

ところで，本章の第1節で，カント以来，教育および教育学の領域では，教育の目的を次のように規定してきたと述べた．すなわち，「他者からの指導なしには妥当な思考ができない未成年状態から，他者からの指導がなくても自分のことは自分で考え適切な決定をすることができる自律した状態へと子どもを導くこと」である．実は，この一文にはすでにある矛盾が含まれている．

子どもから大人への成長を，子どもが未成年状態を脱して自律的な状態になることとして捉える場合，この成長はどのようにして可能になるのか．それは保護者や教師という他者からの導きによって可能になる．言い換えるなら，「自分で考えられるようになりなさい」，「自分で決定できるようになりなさい」などといった教育的，指導的なメッセージを保護者や教師という他者から受け取り，それらのメッセージに従うことによって，子どもは未成年状態を脱して自律した状態へと成長するのである．

繰り返し述べているように，他者からの命令や指導に従うのではなく自分で考え自分で決定することができるという状態が自律である．逆に，他者からの命令や指導に従っているという状態は他律であり，これは未成年状態を意味している．では，「自律しなさい」という他者からの指導的なメッセージに従って自分の行為を自分で決定しようとしている人は，自律的なのであろうか．それとも他律的なのであろうか．

自分の行為を自分で決定しようとしているのだから，その意味では自律的で

あるといえる.だが同時に,その人は,「自律しなさい」という他者からのメッセージに従っているのであるから,他律的であるともいえる.

本来,自律的であることと他律的であることは相容れない.ところが,子どもと大人の教育的な関係においては,二つの矛盾する状態が同時に成立することが,理論上でも実践上でも,しばしば生起するのである.

この矛盾は,教育学の領域では,「教育関係のパラドックス」あるいは「近代教育のパラドックス」として知られている.大人が子どもを自律に向けて導くことが,自律という教育目的そのものに反することになる,という矛盾.

では,この矛盾を回避するために,大人が子どもを導くことをやめればよいのかといえば,決してそうではない.誰かからの導きがなければ,ヒトとして生まれてきた生物は,人間として生活することはできない[4].「教育関係のパラドックス」は,まさに教育学上のアポリア(論理的に解くことが困難な問題)の一つなのである.

実のところ,カントはこの矛盾の存在にすでに気づいていた.

> 教育の最大の問題の一つは,法則的強制に服従することと,自分の自由を使用する能力とを,どのようにして結合できるかということである.なぜなら,強制は必然的である! 私は,どのようにして,強制において自由を教化するのか? 私は自分の生徒に自由に対する強制に堪える習慣をつけてやるべきであり,また同時に,生徒自身を指導して,自分の自由をりっぱにもちいるようにさせなければならない[5].

ここでいう「法則的強制に服従すること」は,保護者や教師といった他者からの教育的,指導的なメッセージに従うことを意味する.また,「自分の自由を使用する能力」とは,子どもが自律的に行為する力をさす.カントは,他律的な状態から自律的な状態へと成長すること,すなわち他律と自律の結合を教育の最大の問題の一つと指摘していたのである.

2. 矛盾との取り組み

カント以来,多くの教育理論家や教育実践家が,この矛盾について議論してきた.

ある者は，子どもの「自発的な服従」によって，この矛盾は教育上の「問題」ではなくなるのではないかと論じた．教育者と子どもとの間に愛と信頼が存在するならば，子どもは，教育者を愛しその人格を信頼するがゆえに，教育者の命令や指導を，自分の自由を強制的に拘束するものとして受けとめるのではなく，自ら進んでそれに従おうとする．つまり，「自律しなさい」という教育者のメッセージを自分の人生の課題として自ら進んで引き受け，自律的に行為する習慣を自発的に身につけるのである．この場合，教育者にとって重要なのは，子どもを教育する前提として，子どもとの間に愛と信頼に満ちた人格的な関係を築くことである．

しかし，両者の関係がどれだけ愛と信頼に満ちたものであろうとも，教育者の働きかけが子どもにとって他律的なものであることに変わりはない．たしかに，自由を拘束されているという苦痛は子どもから取り除かれるかもしれないが，他律的な状態からいかにして自律的な状態へと成長することができるのか，という問題に対する回答にはなっていない．

また別のある者は，自律性を，教育によって形成されるものではなく，子どもに生来的に内在するものとして捉えることによって，矛盾を「教育上の」問題ではないようにしようと試みた．その一例を，19世紀末から20世紀初頭に活躍したスウェーデンの思想家エレン・ケイ（E. Key, 1849～1926）の教育思想に見ることができる．

ケイは，子どもを，むやみに外から力を加えたり操作したりしなければ，おのずから「より優れた」方向に向かって発達する自律的な主体だと見なしていた．このことは，彼女の次の言葉からもうかがえる．

　　（子どもに見られる）ほとんどどのような欠点も，美徳へと向かう種子を内に包んだ固い殻に過ぎない．（括弧内は引用者）[6]

この子ども観に基づいて，ケイは，子どもに内在する生来の性質（＝子どもの内なる自然）の赴くままに子どもが「より優れた」方向に向かって十分に発達することを，子ども固有の権利だと主張した．換言するなら，他者からの命令や指導に従うのではなく自律的な主体として十全に発達することを，子ども固有の権利だと論じたのである．

子どもという存在および子どもの権利をこのように見なす場合，教育という営みは，命令したり指導したりするなどのように子どもに対して積極的に働きかけるのではなく，「より優れた」方向に向かおうとする子どもの内からの自然な発達，すなわち子どもの自律的な発達を支援・促進する行為として捉えられる．まさしくケイは教育をそのように定義していた．

> 静かに，ゆっくりと，自然が自分自身を助けるようにさせ，周囲の環境が自然独自の仕事を支援するように面倒を見る．これが教育である[7]．

またケイは，自律的な主体として発達するという子ども固有の権利を，すでに生まれている子どもはもちろん，これから生まれてくる子どもにも認めるべきだと考えた．これは，一見，生まれる前の子どもをもひとりの人間として認め，その人権を保障しようとする，究極の子ども中心主義的な見解として理解することができる．

ところが，実のところ，ケイのこの見解には，「より優れた」方向に向かって自律的に発達する子どもだけを「選別」して生み育てるという意味合いが含まれていた．ケイの教育学上の主著『児童の世紀』（1900）の第1章のなかでは，結婚や性行為など子どもの産育にかかわる事柄については「優生学」の示すところに基づいて判断し行為することが強く奨励されている．優生学とは，人類の遺伝的素質の「改良」をめざして，「優良な」遺伝的素質を残し「劣悪な」遺伝的素質を撲滅するのに必要なデータを収集したり技術を開発したりする「学問」のことをさす．換言するなら，優生学とは，これから生まれてくる子どもを，その遺伝的素質の「優劣」によって「選別」し，「劣」と判断された子どもを生まれる前に「淘汰」することを目的とするものなのである．

たしかに，優生学に基づいた「選別」を経ているという前提に立てば，「優れた」方向に向かって発達する自律性が子どもに生来的に具わっていることを「事実」として規定することができ，それゆえ，子どもが生まれた後の教育のプロセスにおいては自律と他律の矛盾は生じないと想定することが可能になる．しかしながら一方では，生まれた後の子どもの自律的な発達を保障するために，生まれる前の子どもに対して意図的な人為的操作を加えるという新たな，そしてより深刻な矛盾を招来することになってしまうのである[8]．

生まれた後の子どもを自律的な主体と見なすことによってこのような矛盾が招来されるということは，自律性のみを突きつめて追求するならば，それによって歪んだり失ったりする部分が人間の生には存在するということを意味しているのではないだろうか．

第4節　おわりに

　以上のように，本章では，教育および教育学の領域における基本概念の一つ，自律という概念に焦点を当て，教育において自律のみを志向することの問題点と矛盾について検討してきた．

　これまで，大人たちは，子どもが「自分のしたいこと，すべきこと」を明確に意識し，それを「自分で」実現できるような力を身につけられるように，子どもに対して働きかけてきた．とりわけ近代以降は，そうした働きかけができるだけ効率よく行われるよう，合理的なシステムを築き上げようとしてきた．それが，今日，私たちが教育と呼ぶものである．

　本章で検討してきた問題や矛盾は，一方では，教育という営みの意味や成果を根底から覆す要因となるかもしれない．しかし他方では，それらについて考察を進めることは，さまざまな点で制度疲労を起こしている今日の教育の閉塞状況を突破する一つの契機となる可能性ももっている．

　近代以降，教育は合理的なシステムを構築することによって一定の成果を上げてきたが，同時に，多くのオールタナティヴ（また別の異なるあり方や方法）を切り捨ててきた．教育学もまた，学問としての知の体系を構築すると同時に，人間のさまざまな可能性を見失ったり隠蔽したりしてきたのではないだろうか．

　その可能性の一つが，他者に配慮したり応答したりするなどといった，他者との関係性のあり方であるといえよう．私たちは皆，他者とのさまざまな関係のなかに存在し，その関係のなかで生活している．一見，自分で考え自分で決定しているように見えても，他者からの影響をまったく受けていないということは，現実にはほとんどない．むしろ私たちは，つねに他者からの影響を受けつつ行為しているといえよう．そうした人間の「パトス的」な側面をどのように考えるか．これは，教育学の今日的な課題の一つである．

注

(1) ピアジェ『児童道徳判断の発達』同文書院, 1956年.

(2) コールバーグ『道徳性の形成─認知発達的アプローチ』新曜社, 1987年. 佐野安仁・吉田謙二編『コールバーグ理論の基底』世界思想社, 1993年も参照.

(3) コールバーグと同時代のアメリカの心理学者・ギリガン (C. Gilligan) は, コールバーグのような個人の自律を志向する発達とは異なる, 個人が現実に結んでいる人間関係や他者への配慮・応答を志向するような, もう一つの発達の道があることを主張し, コールバーグの発達段階論を批判した. ギリガン『もうひとつの声─男女の道徳観のちがいと女性のアイデンティティ』川島書店, 1986年.

(4) 19世紀末から20世紀前半にかけて興隆した人間学が明らかにしたように, 人間は, 食べる, 歩く, コミュニケーションを取る, 排泄するなど, 多くの動物が本能として生来的に具えている能力を, 生後, 他者からの教育的な働きかけや自らの主体的な学習を通して取得する. まさに,「人間は教育されなくてはならない唯一の被造物」なのである (カント『カント全集16 教育学・小論集・遺稿集』理想社, 1966年, p.13). 人間学については, 次の文献を参照. ポルトマン『人間はどこまで動物か』岩波書店, 1977. ゲーレン『人間学の探究』紀伊國屋書店, 1970年.

(5) カント『カント全集16 教育学・小論集・遺稿集』理想社, 1966年, p.31.

(6) ケイ『児童の世紀』冨山房, 1999年, p.140.

(7) 同上.

(8) ケイの教育思想に見られる自律と他律の矛盾についての詳細は, 次の文献を参照. 岡部美香「子ども中心主義の教育学と優生学のインターフェイス─E. ケイ『児童の世紀』に見る＜自律的な主体＞であることという呪縛─」, 教育思想史学会編『近代教育フォーラム』第10号, 2001年, pp.235-247.

参考文献（注に挙げたものを除く）

- 石井潔『自律から社交へ』青木書店, 1998年
- 岡田敬司『「自律」の復権─教育的かかわりと自律を育む共同体』ミネルヴァ書房, 2004年
- 矢野智司「教育関係のパラドックス─教育関係における『二律背反』問題についてのコミュニケーション論的人間学の試み」, 加野芳正, 矢野智司編『教育のパラドックス／パラドックスの教育』東信堂, 1994年, pp.105-134

第9章

教育における他者性

第1節　はじめに

「教師にとって大切なことは，何が子どものためになるのかを常に考えて行動することです．そのためには子どもをよく理解しなければなりません．子どもをよく理解したうえで，いまその子にとって何が必要で，教師は何をすることが一番子どものためになるのか，ということを考えなければいけませんよ．教師とはそういう職業です．」

　小学校で教育実習を行った時，指導教官がことあるたびに，口癖のように，このような内容の話をしていた．教師とは絶えず子どものためを考えなくてはならない．そして，何がもっとも子どものためになるのかを知るためには，よく子どもを理解しなければならない．

　子どもを理解し，子どものためになることを考える，といった課題は，多くの教師たちの間で共有されている．とある小中学校の教師たちの研究会に参加した時も，そこでの主題は「子どもをどのように理解するか」．まずはしっかりと子どもを理解し，もっとも子どものためになる教師の働きかけを考える．私が教育実習の時に指導教官から聞いた話と同様の内容について，多くの教師が熱心に議論をおこなっていた．昨今，教師による犯罪などが紙面を賑わせているが，私の実感からして，大半の教師は忙しい仕事の合間に勉強をしながら，何がもっとも「子どものため」になるのかを常に考えている，まじめで善良な教師である．

こういった，「子どものため」を第一に考え，「子どもを理解」しようと努める教師像は，一般的にも評判が良い．学校を舞台としたドラマの主人公などは大抵，子どもの悩みや心の動きまでも理解し，「子どものため」に行動できる熱血教師である．講義などで学生に「よい教師」のイメージを尋ねれば，「子どもの視点に立てる（子どもを理解できる）教師」や「子どものために行動できる教師」といった答が数多く返ってくる．

しかし，大人や教師が子どもを理解することや，「子どものため」にする教育的な営みは，何の疑う余地もなく「良いもの」なのだろうか．

これまで，教育に関する議論においては，どのように子どもを理解するのか，何が一番子どものためになるのか，といった議論が数多く積み重ねられてきた．しかし，子どもの理解不可能性や，「子どものため」という言葉が含む大人の独善性といったものに言及するような，反省的な議論が十分になされてきたとは言い難い．ひとたび立ち止まり，私たちが自明の前提としていることを反省的に問い直してみる必要があるのではないだろうか．

本章では，こうした反省的な問いをめぐって，「他者」という概念を主題としながら考えていきたい．

第2節　「他者」という概念

「他者」という問題は，20世紀の哲学において最も重要な問題であるといえる．いわゆる「ポストモダン」と呼ばれる思潮の中で，「他者」という問題は様々な領域で論じられてきた．たとえば，精神分析や文化人類学といった学問領域，反啓蒙主義や多文化主義，フェミニズムやポストコロニアリズム，近代認識論批判…．それらの議論の影響を受けながら，近年，教育学においても「他者」について論じられるようになってきた．

ここでいう「他者」とは，私たちが日常的に用いているような，他の人，別個人，といった意味よりも適用範囲が広い．「自己」とは異なる人物や対象物，理解することも操作することも不可能なものが「他者」である．

ということは，「自己」をどのように規定するかによって，その外部である「他者」の範囲が変わってくる．たとえば，「自己」を覚醒した意識であるとす

るならば，無意識の領域や狂気，死，夢などは「他者」である．また，完全に理解したり制御したりはできないという意味では，自分の身体も「他者」であるといえる．皮膚で区切られた内側を「自己」とした場合であれば，他の人はもちろんのこと，社会（世間）や自然といったものも「他者」である．さらに，親密な共同体，家族や仲良しの友達グループ，日本という国家などを「自己」とするならば，他の共同体が「他者」となる．他にも，神や，非日常的なもの，なども「他者」であるといえる．

　こうした「他者」概念を用いた議論の主題は，「自己」の批判的，反省的な相対化．「自己」の持つ近代的な知の枠組みや，「自己」に内面化された社会的規範，構造などを批判的に問い直すときに，「他者」という概念が重要となる．理解も操作も不可能な，「自己」の外部としての「他者」について考えることにより，翻って，「自己」が当たり前としてきたもの，普遍的であると思っていたことなどを反省することが可能となるのである．

　このような「他者」概念を用いた議論の一例として，以下ではコロニアリズムに関する議論をとりあげたい．なぜなら，そこには教育と「他者」という問題を考えていくうえで，非常に重要な問題提起がなされているからである．

第3節　コロニアリズムと教育

　教育学研究の中に，教育的関係（教師－生徒，大人－子ども関係）をコロニアリズムとのアナロジー（類推）によって論じているものがある．
　コロニアリズムとは植民地主義のことである．植民地主義と聞いて頭に思い浮かぶのは，宗主国であるヨーロッパを中心とした西欧諸国の，属国（植民地）に対する暴力的な支配，占領，搾取といったネガティブなイメージである．
　しかし，教育的な関係においては，教師や大人は子どもを暴力によって支配，占領，搾取することを目的としているわけではない．むしろ，「子どものため」を思い，善意に基づいて教育的に働きかけを行っている大人や教師がほとんどであるように思われる．では，どの点において教育的関係はコロニアリズムと類似しているのだろうか．
　ここで議論の主題を明確にしておこう．さしあたり，以下でコロニアリズム

と教育の類似点について考えていくのだが,「コロニアリズムと教育」といっても,宗主国側においても,属国側においても,それぞれの国や文化において事情は異なっており,また同様に,教師－生徒関係,大人－子ども関係においても多様な関係性があるわけだから,それを一括りに論じてしまうのには到底無理がある.そうした議論の粗さを承知した上で,ここではコロニアリズムと教育的関係の類似している点について,二つの大きな特徴を取り上げたい.一つは,「善意」による導きを正当化する一方的な構造を持っていること.もう一つは,多様なあり方を許さない固定した関係であること.

コロニアリズムという思想は,まずは,西洋諸国による植民地支配を正当化するために,宗主国と属国の間に優劣をつける.ヨーロッパは進歩的で,文明的で,先進的.属国は野蛮で,未開で,後進的.このように明確な負の価値を押しつけられた植民地の人々は,最先端の科学技術による便利な生活や,論理的で実用的な言語を身につけること,身につけようとすることを言葉巧みに(時には暴力によって)強要される.文化や制度,生活スタイルや思考様式といったものは,宗主国,先進諸国のようにあるのが望ましいのだという価値観を受け入れさせられる.

このような価値観が宗主国と属国の間でひとたび共有されてしまえば,植民地支配の正当化は簡単である.植民地支配は,進んだ国の人々が,遅れている,野蛮な国の人々を文明開化させてあげるのだという,全くもって「善意」に満ちた行為となる.属国の現地人たちにとっても,宗主国の「善良」な人々が,自分たちの生活を「向上」させようとしてくれているのだから,自分たちが植民地化されることは,多少の不満はあるとしても,一概に悪いこととは思わなくなる.これが,先に挙げたひとつ目の主題,「善意」による導きを正当化する一方的な構造というコロニアリズムの特徴である.

しかし,このような二項対立的な図式は,あくまでも宗主国側が用意したものである.ヨーロッパよりもアフリカやアジアの文化の方が,野蛮で,未開で,遅れており,劣っているなどということは,決して当たり前の前提ではない.植民地化される前の人々には,独自の文化や生活があり,それ自体はヨーロッパよりも優れているとも劣っているともいえないはずである.

ここで,二つ目に挙げた主題である,多様なあり方を許さない固定した関係

であることが問題となる．

　私たちの生活スタイルや思考の様式の多くは，ヨーロッパ的な文化によって規定されている．たとえば，時計とカレンダーによって区切られた直線的な時間意識．国境という線によって区切られた国家という枠組み．「国民」というアイデンティティ．食生活やファッション…．私たちが当たり前のものとして受け入れているこれらの枠組みは，コロニアリズムの影響を強く受けている．

　しかし，植民地化される以前の世界には，多様な文化や思考の様式が存在していたはずである．それらの多くは，コロニアリズム的なものの見方によって，野蛮なもの，汚いもの，遅れているものとして切り捨てられてしまう．たとえば，フォークやナイフなどを使わず，素手で食事をしている人たちを見た時，衣服（洋服）を身につけずに生活をしている人たちを見た時，身体を傷つけるような，「残酷」な儀礼を行っている映像を見た時，私たちは「野蛮だ」とか「汚い」と言って拒絶してしまうことはないだろうか．しかしそこには，西洋的なものの見方によっては描き出すことのできない豊かな世界があったはずである．

　ここでとりわけ重要なのは，西洋近代的なものの見方を当たり前のものとして受け入れてしまうと，それ以外の，植民地の人々の，すなわち西洋人（近代人）にとっての「他者」の多様なあり方が見えなくなってしまうことである．

　さて，こうしたコロニアリズムのもつ二つの理論的な特徴を大まかに理解したうえで，これらを教育的関係に当てはめてみると，どのような類似点が指摘できるのだろうか．

　まずは，「善意」による導きの一方的な正当化．教育の場面において大人は，「子どものため」を思って，「善意」に基づいて，教育的な働きかけを行う．それが本当に子どものためになるのかどうかは，子どもが「他者」である限り大人の側からは知ることはできないのだが，大人は子どもの将来の利益を先取りするかたちで，教育的に働きかける．

　たとえば，「どうして勉強しなければならないの？」「どうして学校に行かなければならないの？」といった子どもからの問いに対して，教師や大人が，いま勉強しておけば「将来のためになる」と答えたとする．この答えは「善意」によるものであり，「子どものため」を思っての答である．大学を出ておけば，将来の生活が安定する．読み書きの能力は生活していくうえで必要だ．いま学

校に行かされ，勉強させられるのは「あなたのため」なのだ…．こうして大人や教師は，自分たちの「善意」による教育的な働きかけを，一方的に正当化することが可能となる．

　コロニアリズムの二項対立図式は，その大部分が教師－生徒，大人－子どもの関係にも当てはまる．教育的関係においては，子どもは未熟で，野蛮で，知識や能力を持っておらず，大人や教師は知識や能力を身につけた，優れた存在である，という図式が存在する．そして，そうした図式を前提としなければ，教育的関係は成り立たない．そこでは「他者」としての子どもの多様なあり方は認められず，絶えず固定的な関係が存在している．教育的関係においては，子どもの方が成熟していて，知識や能力を持っており，優れている，ということは，あり得ないのである．むろん，教育的関係において大人が「子どもから教わった」ということもあるだろう．しかしそれは，大人の基本的な優位性を前提にしたうえでのことであって，場面ごとに教師－生徒，教える－学ぶ関係が入れ替わる多様な関係ではあり得ないのである．

　教師や大人がもつものの見方や思考様式では見ることも描くこともできない，「他者」である子ども独自の文化や思考様式や価値観といったものが，子どもが植民地化される以前は存在したかもしれない．そしてそれは，学校や社会，大人がもつものの見方と比較して劣ったもの，未熟なもの，野蛮なものであるとは，必ずしも言い切れなかったかもしれない．

　しかしながら，教師や大人は自らがもつ固定的な「子ども像」を一方的に投影し続け，「他者」である子どもを支配，占領していく．このように議論を進めていけば，教育とコロニアリズムのもつ構造の類似性を指摘することができる．

　コロニアリズム的関係と教育的関係をアナロジーとしてみていく議論によって明らかになったことは，教育という営みは絶えず，「他者」である子どもを支配，抑圧してしまう可能性を含んでいること．そして，教育的関係は教師や大人は自らのもつ「子ども像」を「他者」である子どもに，知らず知らずのうちに，一方的に投影し，固定した関係を創り出すことによって成り立っているということである．このような議論によって，私たちが内面化している，意識化されない（できない）自明の前提とその問題性を明るみに出すことが可能となる．

第4節　「プロ教師の会」

　教育のもつ暴力性や子どもの「他者性」を自覚的したうえで，独自の学校論や教育論を活発に展開している現職の教師たちの集団がある．関東圏の中学校，高校の教師たちを中心とした「プロ教師」の会である（会の指導的な役割を果たした河上亮一，諏訪哲二らはすでに定年を迎えている）．

　彼らの主張は，私が教育実習中に何度も言われたような，「子どもを理解」して，「子どものため」に教育を行う，といった内容とは正反対である．彼らは，教育は「子どものため」に行われるものではないし，「子どもを理解」することなどはできない，という．一般的に評判がよいと思われる「子どものため」の教育や「子どもを理解する」ということを全面的に否定する彼らの主張とは，どのようなものなのだろうか．

　諏訪は，次のように述べている．

　　話し合いや納得を重視する「話せば分かる」という考え方を私がおそろしいと思うのは，「話しても分からない」ということを想定していないからである．自分はひとを説得でき，従わせることができると思い込んでおり，自分以外のひとが自分とは異なる人間であることへの畏れの気持ちがないのだ．「話せば分かる」という思想には，相手が自分と同じことばの世界にいるはずであり，また，いなければならないとする抑圧的な姿勢がうかがわれるのである．（諏訪哲二『管理教育のすすめ』洋泉社，1997年，p.43）

　学校の現場では，話し合いが重視される傾向にある．体罰や，有無を言わさぬ強制よりは，話し合いによって問題を解決しようとする．その際には，当然のことながら，子どもは「話せば分かる」のだということが前提となる．しかし諏訪は，「話せば分かる」という姿勢で子どもに接することは，子どもが「他者」であることに無自覚であるため，かえって「他者」を抑圧することになる，と述べている（後に見ていくように，諏訪は，だから「教師はただ生徒を管理すればいいのだ」と主張する）．

　このような「他者」としての子どもという視点は，諏訪を含めた「プロ教師」たちの，日常的な感覚に基づいているようである．彼らの実感からして，ここ

十数年の間に「話してもわからない」子どもが増えてきているのだという．

　我慢を知らず，自分の欲求ばかりを肥大させ，「自分が得をするかしないか」という観点でしか物事を考えることができなくなってきている子どもたち．わがままで，粗暴で，下品で，肉体が弱く，消費社会の中で甘やかされて育ってきた子どもたちを目の前にした時，子どもは，「話せば分かる」相手ではなく，「話しても分からない」存在＝「他者」として，教師たちの目に映ったに違いない．河上は，親によって甘やかされ，「中学生になっても母親と一緒に入浴する」ことを恥ずかしいと思わないようなメンタリティをもった子どもがいることを，象徴的な事例としてあげている．

　そうした「他者」としての子どもにとって，学校という空間や教育という営みは，暴力，強制として現れる．

　学校では担任の先生やクラスメイト，授業で学ぶ内容を選ぶことはできない．チャイムが鳴れば席に着かなくてはならないし，授業中に立ち歩いたり，おしゃべりをしたりすることは許されない．たびたび教師から命令され，ひたすら我慢を強いられる．「静かにしなさい」「こっちを向きなさい」「きちんと整列しなさい」「嫌いな人とでも，仲良くしなさい」．…．自分が心地よいように，得をするように，好きなことをして満たされている子どもたちにとって，学校は禁欲主義的な空気（エートス）に満ちた，権力的，管理的な空間なのである．

　ならば，時代が変わってきたのだから，学校が嫌なら無理に行かせなくてもよいのではないか．学校は古い時代の産物．耐久年数がすぎたのだから，学校などという制度は解体してしまえばよいのではないか．

　こうした，学校を相対化するような主張，脱学校論に対して，彼らは，教育という営みの本質を分かっていない，と批判するだろう．

　たとえば，諏訪は次のように述べている．教育という営みは，社会の存続にとって，人間にとって（人類史にとって）必要不可欠な営みだが，個々人にとっては必ずしもそうだとはいえない．社会の存続や規範の維持といった，「人類」の側からの要請で教育は行われているのであり，けっして「子どものため」ではない．

　たしかに，社会の存続が結果的に「子どものため」になることもあるだろう．しかし，すべての子どもにとって「ためになる」とはいえない．学校に行きた

がらない子どももいるだろうし，学びたがらない子どももいるだろう．本来的には「人類のため」の，子どもに対する強制的な暴力である教育という営みを，「子どものため」という論理で正当化することは，欺瞞である．

諏訪によれば，学校とは，そうした「人類」側の要請を実現するための場所，言いかえれば，「個体」を「人類」の側に組み入れていく場所である．その場合，教師は常に「人類」側の代表であり，子どもは単なる「個体」にすぎない．学校的な規範を身につけていない「他者」としての子どもにとって，「人類」の要請は理不尽で，暴力的なものである．しかし，学校はその成立からして，子どもたちの要求に応えるために作られたものではない．よって，学校は「有無を言わせぬ強制力」が支配する，「本質的にダーティなところ」なのである．

さらに，諏訪の「現場の感想」によれば，学校には「ただやさしく大事に，何の規制も受けないで育てられ，エゴがぶよぶよと肥大化した子ども」が大量におり，そうした子どもたち全員が気に入るような学校を作ることは論理的に不可能であるという．しかも，仮にそのような学校ができたとして，子どもたちが我慢も苦労もせずに，エゴをぶよぶよと肥大化させたまま大人になった時，彼らが作り上げる社会がすばらしい社会といえるのだろうか，と疑問を呈する．そうした現代社会の傾向になんとか歯止めをかけ，社会を存続させていく仕事を担うのが学校であり，教師であるならば，彼らは「プロ教師」として，「他者」としての子どもを教育（抑圧）するという「汚れ仕事〈ダーティーワーク〉」を自覚的に引き受けよう，というのである．

「プロ教師の会」の教師たちは，子どもを「他者」としてみる視点をもっている．大人や教師たちからは窺い知れない，独自の文化や思考様式を持った子どもたち．現場の教師たちの多くは，そうした子どもの「他者性」を痛感しているに違いない．

そして彼らは，教育という営みが「他者」に対する抑圧，暴力であることも自覚している．教育は一方的な強制であり，「他者」としての子どもを抑圧することによって成り立っている．教育の場面においては，価値中立的ではあり得ない．「人類」の要請に応えるための「ダーティ」な営みが教育なのである．

そこまで自覚しながら，彼らは，学校の解体や教育の放棄という議論に対しては断固として拒絶し，教師として「ダーティさ」を引き受けようとする．た

しかに学校や教育は「ダーティ」であるが，学校の外に「ダーティ」でない真の教育があるのだというのは夢想であり，フィクションにすぎない．むしろ，そのような理想論的な物語こそが，現実の学校のもつリアリティを見えにくくしているのであり，そうしたリアリティから目を背けてはいけないのだ，と主張するのである．

彼らは以前，このように自己紹介をしている．「私たち『プロ教師の会』は教育や学校の現状を肯定しているのでもなければ，対案を出そうとしているのでもない．私たちは正義を主張しているのではなく，ただ学校の現状を記録しているだけだ」．

教育現場で日々，「他者」としての子どもと格闘し，「他者」を教育することの困難性に最も近い位置で直面している教師たち．「プロ教師の会」の教師たちにとっては，「子どものため」を常に考え，「子どもを理解する」ことを重視する美しい教育の物語は，現状からかけ離れた空虚なものに聞こえたのかもしれない．

彼らは，「人類」という普遍性を笠に着たうえで，教育という営みが含む「ダーティさ」を引き受ける，という点に，教師としてのアイデンティティを保とうとしている．しかし，彼らがあえて自覚的に引き受けた仕事を，自ら「汚れ仕事（ダーティーワーク）」と呼ばざるをえないところに，教師たちの苦悩が現れているように思えてならないのである．

第5節　おわりに

コロニアリズムの議論においても，「プロ教師の会」の議論においても，教育は「他者」としての子どもを抑圧する，一方的で暴力的な営みであった．このように言ってしまえば，絶望的．教育は結局，子どもを強制的に抑圧，支配する営みでしかあり得ないことになる．

しかし「他者」概念は，教育の希望を打ち砕き，絶望的な気分にさせるための概念ではない．

教育の場面において子どもを「他者」としてみるということは，教育者側に反省的，倫理的な態度を求めることである．前述したように，「他者」という概

念は自らを反省するための概念装置なのである．これまで見てきたような「他者」に関する議論は，「子どもは理解できる」，教育は「子どものため」である，ということを信じて疑わない人たちに，反省を促すものである．自動車に喩えるならば，いわばブレーキの役割を果たす．しかし，教育的関係とは「他者」の「他者性」を抑圧（ないしは忘却）することによってしか成立しないため，「他者性」を強調すればするほど，ペシミスティック（悲観的）になる．ブレーキをかけすぎることにより，前に進めなくなる．

　他方で，アクセルとなるような教育に関する議論も，これまでに数多くなされている．「子どものため」と思って取り組んできたことが苦労の据えに報われ，子どもが生き生きと輝きだした，といった様子が描かれている教育実践の記録や，教師と生徒，大人と子どもが心の底から通じ合った瞬間が描かれている教育の物語などは，無数に存在しているといってよい．「子どもを理解する」ための教育理論や，「子どものため」を考える教育制度，教育方法，教育思想（哲学）に関する研究なども数多く存在する．それらのすべてをフィクションであるとはいえないのではないだろうか．それらは「プロ教師の会」の教師たちとは別の形で（逆の立場から），教師たちのリアリティを描いているものであろう．しかし，「他者」論の観点からすれば，いかにも予定調和的な傾向が強く，批判的な精神が弱い．あまりにもオプティミスティック（楽観的）な言説のようにも思われる．アクセルをかけすぎることにより，暴走してしまう．

　このように逆ベクトルに働く二つの議論をつきあわせてみるならば，当然，それらは相矛盾するものである．しかし，そのどちらか一方が優れているというわけではない．そもそも根本からものの見方が異なっており，教育という営みについて考えていく上で果たす役割が異なっているのだ．

　私たちにとって（諏訪の言葉を借りるならば「人類」にとって），教育という営みが避けて通ることのできない路であるならば，その路を走行するために必要なのは，ブレーキとアクセルを共に備えた自動車である．重要なのは，教育の悲劇性を前にしてペシミスティックに「自己」の相対化を繰り返すことではなく，かといって，「他者」への問いを放棄することによってオプティミスティックに「子どもを理解する」ことや「子どものため」を志向して希望を語ることでもなく，ましてや，教育が含む「ダーティさ」に居直ることでもない．

アクセルとブレーキを上手く用いながら，慎重に，持続的に，前に進むための理論を練り上げていくことこそが重要なのではないだろうか．

　時に，子どもと理解し合えた瞬間に感動し，時に，子どもの「他者性」に絶望させられながらも，絶えず自らの立ち位置を意識すること．どのように，どの地点から「他者」としての子どもを眼差すのか，その視点によって「他者」の，そして教育の意味がまるっきり違って見えることに気がつくことが，まずは大切である．子どもとの関わり方，教育という営みが困難となった現在，このような複眼的な視点で教育実践を行っていく姿勢が求められているように思われる．

参考文献

- イリッチ，I.（イヴァン），東洋・小澤周三訳『脱学校の社会』東京創元社，1977年
- 河上亮一『プロ教師の道』洋泉社，1996年
- 柄谷行人『探究 I』講談社，1992年
- 小浜逸郎『学校の現象学のために』大和書房，1985年
- 諏訪哲二『「管理教育」のすすめ』洋泉社，1997年
- 本田和子『異文化としての子ども』筑摩書房，1992年

推薦映画

「ザ・中学教師」（1992年）
監督　平山秀幸，原作　プロ教師の会
販売元（DVD）　ジェネオン エンタテインメント
製作＝メリエス＝サントリー　配給＝アルゴプロジェクト

第 10 章

子どもへのまなざし

第 1 節　はじめに

　私たちが思い描く子どもとは，ときにか弱く純粋無垢な存在であり，ときに生きることの喜びに満ちた存在であり，ときに理解を超えてしまう不気味な存在である．そんな彼らと私たちは，街角で，家庭で，教室で，そして思考の中で，それぞれのかたちで関わっている．子どもの中に純粋さを見出すときには，私たちは彼らを守り，援助することの喜びを感じる．子どもの中に活力を見出すときには，私たちは彼らの自由闊達さや創造性に驚き，羨ましささえ感じる．子どもの中に理解不可能なものを見出すときには，私たちは彼らの何をするか分からない言動や不気味さにおののき，不安を感じる．そのどれもが子どもの本質であるように感じるし，少なくとも彼らはさまざまに移り変わる万華鏡のように，見る角度によって輝きや活力や危うさをもって私たちのまなざしの前に現れてくるのである．このように子どもとは，決してひとつの像へと結びつけることの出来るような存在ではないと言えよう．
　しかし，私たちは子どもという言葉を日常的に使うとき，子どもが確固たる存在としておとなとは全く独立したカテゴリーであるかのように感じてはいないだろうか？　つまり，輝きや活力や危うさというさまざまな面を見せることを理解しながらも，それらすべてをひっくるめたような独自の存在として，そしておとなとは別個の存在として，私たちは子どもを見ているように思われる．しかしながら，このように子どもを独立した存在として見る「子どもの実体化」

と呼べるような私たちの認識は，果たして当たり前のものなのだろうか？　この問いから本章をはじめることにしよう．

　ただし，ここではひとつの前提として，子どもがいったい何歳から何歳までの人間を指すのかについては明確に定義することを避けようと思う．確かに法律上は20歳を越えた年齢からおとなとして認知されるということを考えれば，子どもとしての期間は誕生から20歳までとなる．しかし私たちの日常的な感覚からすると子どもとはもう少し低い年齢までの存在であるだろうし，すでに母体とさまざまな関係を取り結んでいる胎児でさえも子どもだと言えよう．また教育学においては，教育を受ける存在や学ぶ存在を子どもと呼ぶことが出来そうだが，生涯教育を考えれば，そこには一般的におとなと呼ばれている人までもが含まれることになる．このように法的な観点，日常的な観点，新生児医学的な観点や教育学的な観点，あるいは他にも文化人類学的な観点や児童心理学的な観点など，立場によって子どもの期間はまちまちなものとなる．それゆえむしろ私たちは年齢においても，この子どもという言葉が含み持つ曖昧さを積極的なものとして理解していくべきだと考える．つまり，年齢においても，実質においても，厳密な定義を逃れてしまうという本質を有していながらも，そうしたことに関わりなく，私たちが援助の手をさしのべてしまう存在として，子どもはいるのである．

　こうした前提のもと，以下では，まず私たちが当たり前のものとして日常的に使用している，おとなと子どもというカテゴリーについて検討していくこととする．

第2節　子どもとおとな

1. かつての子ども

　おとな達もかつては子どもだった．

　この事実ほど当たり前であるがゆえに見逃されてしまいがちなものはない．子ども達にとっておとなは，最初からおとなであったかのように感じられるであろうし，彼らの目には多かれ少なかれそのようなものとして映っているだろう．事実私たちは，両親が小さかった頃の写真を見たときに奇妙な感覚を覚え

ることがある．全く自分たちの知ることのない，おとなではない両親がそこにはいるからだ．このように，自分たちにとっては初めからおとなだった両親にも，自分たちと同じように小さな頃があったということは，知識のレベルでは受け入れられても，なかなか実感の伴わないものなのである．

　また，おとな達にとっても，子どもの頃の記憶や自分が子どもだったという認識が薄れていくという意味で，自分がかつては子どもだったことは忘れ去られていく運命にある．ふとした瞬間に湧き起こってくる小さかった頃の感覚の数々は，日常的な生活の中ではそれらを忘れているということの証明でもある．よほどのきっかけがない限り，私たちは子どもの頃の感覚を再び持つということを経験できないのであるし，ましてや，それを携えたまま成長してくるということはほとんど不可能であっただろう．このように，多くの人にとって，子どもだった頃の感性や感覚を忘れてしまうという現実から逃れることはおそらく出来ない．あるいは，子ども時代をある程度忘れてしまうことで，人はおとなになると言うことが出来るのかもしれない．

2. 教育と衝突

　ところで，かつては子どもでありながら，その時代を忘れてしまうというおとな達のこの習性こそが，教育という子どもとおとなを巡るさまざまな悲喜劇を生じさせている当のものだと考えられる．

　おとなが子ども時代を忘れているからこそ教育というものが可能になるという側面を指摘することが出来るだろう．例えば，子どもを叱る際にも，おとながかつての記憶を忘れているからこそ，それが可能になるのだろう．自分が叱られて嫌だった経験をすみずみまで覚えていては，叱る側にまわるのはやはり困難や苦痛を伴うに違いない．また，かつて子どもだったときのつまずきや失敗や辛い経験をすべて覚えていて，我が子を可愛いがるあまり，その対処法を張り巡らせてしまうなら，その子はもはや何も学ばないに等しいだろう．このように，子どもの頃を忘れているからこそ，おとなは学びつつある子どもの裁量に任せることが出来るのであり，それは子どもの自律に向けた歩みの条件でもあると言える．

　しかし一方で，子ども時代を忘れてしまうというおとなの傾向が，実際の子

どもとのコミュニケーションを一部で難しいものにしているとも考えられる．例えば，おとなが子ども時代を丸ごと覚えているなら，家庭で起こる世代間の認識のズレや教室で生じる教師と生徒の衝突などは，おとなの側からの歩み寄りである程度は収拾することが可能になるのではなかろうか．しかし，現実にはこの歩み寄りが機能しているようには感じられないし，むしろ，この歩み寄りが出来ないときにおとな達が抱く「子どものことが分からない」という感覚は，子ども時代の記憶について多くのことを物語っている．すなわち，このように，認識のズレや衝突の経験，子どものことが分からないという経験は，子どもの頃に自分がどう感じていたかを思い出せないがゆえに子どもに歩み寄ることが出来ないというおとなの性を如実に表していると言えよう．かつて子どもであったはずのおとなが，認識のズレや衝突に際して子どもへと歩み寄ることが出来ないとき，子ども時代の記憶を喪失したという事実が，「子どものことが分からない」という感覚とともに，事後的に明らかになるのである．

そして，この「子どものことが分からない」という感覚は，おとなと子どもを全く別個の存在として捉えてしまう考え方へと容易に結びついていく．そして私たちは素朴にこのおとなと子どもの二項対立を信じて疑うことさえないのである．しかし，おとなと子どもとはお互いに対立して全く別のものとして存在するのであろうか？

3. 連続した存在としての子どもとおとな

まず，「子どものことが分からない」というとき，私たちは子どもというカテゴリーをおとなとは異なったものとして措定してしまう傾向がある．つまり，子どもとおとなは全く異なって存在しているがゆえに相互に理解不可能なのであるというような考え方であるとか，逆に，理解不可能であるがゆえに全く異なった存在なのであるというような考え方である．私たちは往々にしてこうしたとらえ方から，子どもとおとなを切り離して考えがちである．

しかし，子どものことが理解できないというこの感覚を理由にして，子どもをおとなとは違う全く独自な存在として「実体化」するという私たちの素朴な発想は，非常に大きな見落としを生じさせてしまう．すなわち，そこには子どもがおとなになるという時間の経過が無視されているのである．例えば子ども

が子どもとして生まれ，ずっと子どもであるなら，あるいはおとながおとなとして生まれ，ずっとおとなであるなら，両者の間で交流が出来ないということは考えられることであろう．しかし，子どもというものがおとなになりゆく存在であり，おとなというものも子どもから来たる存在である限り，子どもとおとなが連続した存在であるという事実を見落としてはならない．

　こうした視点からはむしろ，おとなと子どもの関係は正確にはこのように言われなければならないだろう．子どもが分からないということ，おとなと子どもの間に認識のズレや衝突が起こるということは，おとなもかつて子どもだったがそれを忘れているがゆえに，そして子どももこれからおとなになるがそれを未だ知らぬがゆえに，生じてくるものであると．つまり，おとなと子どもの関係は，連続しているが忘れていたり未だ知らなかったりするからこそ，そして忘れたり未だ知らなかったりするが連続しているからこそ，ズレや衝突を生じさせ，ときに分からないという感覚を双方に抱かせるのである．子どもとおとなはお互いに理解不可能な存在であり，ズレや衝突が生じるのであるが，それは全く異なったカテゴリーとして存在しているからだ，という私たちの素朴な理解は子どもとおとなが連続しているという視点を見落としていたと言えよう．

　往々にして私たちは，子どもは子どもとして存在し，おとなはおとなとして存在するということに疑問さえ挟まないでいるが，子どもが子どもとして独立して存在しているわけでも，おとながおとなとして独立して存在しているわけでもなく，両者は時間軸上で連続している．つまり，おとなという存在と子どもという存在をそれぞれまったく別個の存在として「実体化」して考えることは出来ないのである．そして，連続した存在でありながらも，忘れているが自分もかつては子どもだったということ，いまは違うが自分もいずれはおとなになるということ，この過去と未来をともに抱えながらおとなと子どもが出会うところで教育はまさに生じているのである．

　このように，私たちは子どもへと熱いまなざしを向けるあまり，そしておとなと子どもの連続性を忘れてしまうあまり，子どもという存在をおとなから全く独立した存在として考えてしまうということを引き起こしていた．つまり，連続性の忘却と子どもへのまなざしによって，私たちは子どもを「実体化」し

てしまったのである．

　しかし，この「子どもの実体化」も決して普遍的なものではない．むしろ，「子どもへのまなざし」を私たちが持つようになったのは，比較的歴史の浅い近代的な市民社会の成立以降のことである点に注意しなくてはならない．すなわち，子どもというカテゴリーさえ存在しなかった時代がかつてあったのである．

第3節　かつて子どもはいなかった

1. 子どもへのまなざしがなかった時代

　かつて子どもは存在していなかった．そんなことを言うと，多くの人が奇妙に感じるかもしれない．子どもがいなかったということは，おとなだけがいたということだろうか，生まれたときからおとなだったということだろうか，等々．おそらくそんなことはないだろうという予感と共に，私たちは自分たちが当たり前のものとして容易には気付けなかった事実を目の当たりにする．すなわち，子どもがいなかったなどという言葉を簡単には了承できないほどに，私たちの認識の中には子どもという存在を揺るぎないものとして捉える思考が存在しているということである．しかし，このように私たちが普通に抱く子ども観は，近代以降に成立してきたものであるというのが先の言葉の意味していたものであり，このことを指摘した歴史家がいる．世界中にセンセーションを巻き起こしたこの歴史家の議論から，おとなの子どもへのまなざしを見ていくこととしよう．

　フィリップ・アリエスは『〈子供〉の誕生』（原題は『アンシャン・レジーム期の子どもと家族生活』）のなかで，「中世ヨーロッパには〈子ども〉は存在していなかった」と語っている．そこでの彼の主張は，もちろん子どもという人間存在の初期の一時期が文字通り存在していなかったなどということではない．私たち人間は時間の経過を操作できないのだから，当然のことながらいきなりおとなとしてこの世に生を受けることは出来ないのである．

　ではアリエスの言わんとしたのはどのようなことだったのか？　それは当時のおとな達が，低年齢の人間を子どもとして見るような「子どもへのまなざし」を持ってはいなかったということである．彼は中世の絵画の中には子どもが描

かれていないということから、こうした事実を引き出している．もちろん、そこには私たちの感覚からすると子どもだと思われるような人間が描かれてはいるが、それは単純に小さな人間の絵にすぎない．つまり、おとなよりも小さな身体をもつ者として子どもは描かれているのであり、子どもらしいと私たちが感じるような身体的な特徴を絵のなかの彼らは持ち合わせていないのである．そこには子どもがいるのではなく、おとなのミニチュアがいるだけだと言えよう．

こうしたわけで近代以前においては、おとなという存在から区別されるような人生の初期の一時期として「子ども期」というものを見るという思考がなかったと考えられる．それは言い換えるなら、今日の私たちが普通に子どもと呼ぶような存在を子どもとして見るような意識が無かったということ、つまり「子どもへのまなざし」が無かったということなのである．

このことは同時に非常に興味深い事実を明らかにする．すなわち、おとなとは区別されるような存在として子どもを見るまなざしが存在していなかったということは、子どもを愛の対象として可愛がるという私たち現代人が当たり前のものとしているような感情さえも、中世においては存在していなかったということである．死亡率も出生率も高かった時代、子どもとはかけがえのない存在であるというよりは、むしろ死んでも再び生むことで取り替えのきくような存在と考えられていたと言えよう．このように、現代なら一般的なものと思われるような、唯一のこの子を育てるという感覚は中世ヨーロッパの親達には無く、むしろ子ども達は、取り替えがきくという意味で、誰でもあり誰でもないような匿名の状態におかれていたのである．

ところで、匿名の状態に置くという子どもの取り扱いは、例えばナヴァホ族においても見られる．彼らには、通過儀礼によって子どもが共同体に加わることを許されるまでは、その子どもに名前を与えないという習慣があったとされる．すなわち大人達は子どもが共同体の慣習をきちんと身につけ、その社会の成員としての振る舞いが出来るようになるまでは、個人の名前を取り上げておくのである．

これらのことから私たちは驚くべき事実に気づくことが出来るようになる．すなわち、私たちにとっては根源的なものとさえ思われた個別の子どもへと向

けられた愛も，実は現代という一時期における歴史的な傾向にすぎないのであり，決して普遍的なものではなかったということである．かつて人間は，子どもへの愛も子どもという存在も知らなかったのである．

では私たちはどのような経緯で子どもを「発見」し，彼らへの愛を持つようになったのであろうか？「子どもへのまなざし」はどのように始まったのだろうか？

2. 子どもの発見

ここでは，「子どもへのまなざし」がなかった時代から，「子どもへのまなざし」が当たり前のように存在している現代への認識の推移がどのように展開してきたのかについて，家族と学校と子どもを中心にして確認していくこととする．

まず注目されなければならないのは，中世の家族と15，6世紀以降の家族との意識の上での相違である．私たちは一般に，社会の構成単位として家族というものを当たり前のように前提としている．しかし，中世には家族意識というものが無く，人びとはさまざまな階級や年齢からなる共同体で生活するという意識が強かった．そこでは「家族」と現代の私たちが呼ぶようなものは，単に生存に必要な生活を送る場としてしか捉えられていなかったのであり，むしろ人びとは教会や広場といった公共の空間でのコミュニケーションに第一義を置いていた．

こうした中世から15，6世紀にいたって，人びとの生活の意識は，共同体の広く開放的な空間から，家庭という狭く閉鎖的だが暖かい空間へと移行する．つまり，それまでは生存に必要な場としてだけ考えられていた家庭が価値あるものとして認識されるようになったという意味で，家族意識がこの時期に誕生し，17世紀に定着していったのである．こうして，中世においては単純な生活の場としてのみ捉えられていた家族は，親子および夫婦からなる愛情関係を基礎とした濃密な人間関係が培われる場となっていった．

またこのような家族意識の成立と並行して，学校の登場も大きな鍵を握っている．まず，中世までの子どもの教育は，見習い修行のように，両親から引き離されて生活をしながら仕事に関する知識を実地で学ぶということが一般的で

あった．それは家庭奉公というかたちで，すべての身分にわたって行われていたものであり，子ども達は7歳くらいからは他人の家族の中で暮らしていた．つまり，中世まで教育とは，両親ではないおとな達の中で生活をともにし，礼儀作法や技を学ぶということだったのである．

しかし15, 6世紀を起点として，学校という専門的に情報を伝達する機関が設立され，そこへ行く人びとが増えていった．それは理念としては，子ども達をおとな達のけがれた世界から隔離し，純粋無垢さを保護しようという教育者の要請のもとでできた施設だった．

こうした社会の動向は同時に，それまでのように子どもを見習いに出して家族から引き離してしまっていた状況から転じて，自分たちの子どもをより身近で育てたいという親たちの欲求ともぴったりと一致していた．つまり，家族意識の誕生にともなって，子どもを愛の対象として見始めていた親たちは，子どもを自分たちの家庭の中にとどまらせ，学習の場としての学校に教育機能を委ねるというかたちで，子ども達を身近に置いておくことに成功したのである．こうして人びとは子どもにまなざしを集めていった．それはまた，学校と家庭への子どもの囲い込みでもあったと言えよう．

このように，子どもへのまなざしと学校の成立と家族の意識という3つの要素が密接に絡まり合いながら登場してきたのが近代という時代だったのである．そしてその延長上にこそ，私たちの生きる現代がある．すなわち，子どもという概念が存在していなかった中世から，子どもという概念が成立した近代への移行の流れの先で私たちは子どもを見ているのであり，自分たちが当たり前のものとしている「子どもへのまなざし」が，歴史的には特殊なものである可能性を忘れてはならないであろう．あるいは，子どもという概念をすでに獲得した現代の私たちは，アリエスの指摘をもう一歩進めて，このように問わなければならない．すなわち，私たちが有している子ども像は，果たして普遍的なものなのだろうか？

次節では，この子ども像とおとな達の関係を見ていくこととする．そこでは「おとなが子どもをつくる」ということが問題となる．

第4節　子どもはおとなの仮構品

1. 作られる子ども

「おとなが子どもをつくっている」などと言うと，当たり前のことを述べていると思われるだろうか？　生物学的にはそれは確かに当然の事実であり，この意味では生殖活動によって次世代をつくる能力を得た存在をおとなと呼ぶことが出来るだろう．しかし，単純に自然界にだけ生きるのでは飽き足らなくなり，文化や社会を造り出してきた私たち人間は，もはや生物学の枠組みを抜け出してしまった．ではこのような状況にある私たちにとって，おとなが子どもをつくるということはどういうことなのだろうか？そしてそれは教育においてどのような意味を持つのか？

まず指摘することができるのは，近代にいたっておとなと別のカテゴリーとしての子どもというものが誕生したというアリエスの主張がインパクトを持っていたのは，私たちが当たり前のものと考えていたものが，決して当たり前ではなかった時代があるということを暴露したからである．つまり，現代に生きる私たちは，子どもという存在を確固たるものとして考えているのだが，それが実は近代以降に「作り出された」仮構品であったということをアリエスは明らかにした．そしてこの意味では，近代以降に生きている私たちは，仮構された子どもを当たり前のものとして考えるあまり，子どもとおとなが連続した存在であったことを忘れ，子どもを独立した存在として過剰に「実体化」させているとも言える．それは子どもという概念を獲得したがゆえのものなのではあるが，この「実体化」のなかには，単純に子どもをおとなとは全く異なった存在として考えるというだけではないものが含まれている．それは私たちが思い描く子ども像である．

2. 子ども像

私たちは子どもについて考えるとき，子どもとはこういった存在であるという子ども像を暗黙の了解として前提にしている．そしてこの子ども像とは，一定の価値判断を含んだものであるということを逃れられないのである．

例えば，アリエスが明らかにしたように，近代以降の私たちは，子どもを純粋

無垢な存在として見るようになったという意味で，純粋無垢な子どもという価値判断を子ども像のなかに込めている．そして彼らの純粋さは脆く儚いものであるがゆえに，教育はそれを守らないと行けないと考えるのである．また，子どもの犯罪が報道される際にも，子どもは自由闊達であるから純粋な興味から悪いことをしてしまったり，無垢であるがゆえに邪悪な意志に染まってしまったりしやすい，それゆえ教育はきちんと彼らを守り導かねばならないと私たちは考えるだろう．そこには自由闊達な子ども像や，良い悪いにかかわらず影響を受けてしまう存在という子ども像が描かれているのである．

ところで，こうした子ども像は，本質的なところで繋がっているように思われる．すなわち，私たちは子どもを広い意味で「か弱き者」として見ているのであり，それゆえおとなは彼らを守らなければならないということである．

子どもがさまざまな暴力にさらされたり，犯罪の被害者や加害者になってしまったりするとき，彼らのか弱さが繰り返し指摘される．この子どものか弱さについては，私たちはおそらく疑問を持つことさえないだろうし，このか弱さゆえにおとなはこどもを暴力や邪悪なものから守らなければならないと考えていることだろう．つまり，私たちはか弱い存在であるという子ども像を抱き，そうした彼らへの関わりのなかで「守る」という態度を共有しているのである．こうして近代の子どもの発見以降，おとなと子どもの関係は，か弱さとその保護を軸として展開してきたと言える．

3. これからの課題

ところで，確かに幼少期の子どもの肉体的な弱さは否定することはできないし，私たちはか弱い存在である子どもを守りたいと望む．このように私たちは一定の価値判断を含んだ子ども像を持ち，その像に合わせたかたちで彼らへと関わっていく．それはすでに確認したように，「か弱い存在」として子どもを見ることで，彼らを守るという関わり方をするおとなに特徴的に現れていた．つまり，子ども像を描くことで彼らへの関わりが可能になるのである．

ただし，「子ども＝か弱い存在」という近代以降に積み上げられてきた等式をあらゆる場面で前提としてしまうことには注意が必要であるように思われる．なぜなら，当然子どもには，楽観的で明るくであったり，したたかでバイタリ

ティ溢れるであったりといったように，決して弱いとは言えない「強い」側面もあるからであり，また，子どもをか弱い存在として見るような子ども像だけが先行してしまうなら，他の側面を含むような子どもの実態が取りこぼされる可能性があるからである．子どもの実態が無視され，一面的な子ども像だけが追い求められるなら，おとなから子どもへの関わりは，抑圧的なものになったり，暴力的なものになったりしてしまうだろう．アリエスが指摘したような中世から近代への移行を考えるとき，子どもの「強い」側面はおとなから無視されてしまう可能性があるとさえ言える．なぜなら，子どもがか弱いがゆえに守らなければならないという論理は，子どもが強い場合には成り立たないからである．もし子どもが強い存在であるなら，おとなは彼らを自分の身近に置く理由を失ってしまう．しかしこうした状況は，子どもへの愛ゆえに彼らを身近に置いておきたいと望んだおとな達の欲望には一致しない．それゆえおとな達は，子どもがか弱い存在であるとひたすら言い続けて，か弱い子どもを「実体化」していくのである．そのような状況においては，おとなは子どもを身近に置いて管理をするために，過剰に「子どもはか弱い存在である」という子ども像を作り上げているとも言われてしまいかねないだろう．もしかしたらこれから何百年か経った後に，この21世紀の私たちの子ども像を後世の人々が見たら，子どもを弱い存在としてあまりに一面的に捉えすぎていると嘆くのかもしれない．

　それゆえ私たちは，おとなのエゴで子どもを型にはめてしまわないためにも，自分たちが描いている子ども像が決して普遍的なものではなく，時代とともに変わりうるものであるという認識を持たなくてはならない．それと同時に，現実の子ども達と私たちが描く子ども像のズレをどうにか測っていかなくてはならない．

　子どもへのまなざしから価値判断を取り除くことなどできないのである限り，私たちは，アリエスが指摘したような事実を教えてくれる歴史との対比のなかで，一般的に描かれる子ども像の中に私たちの彼らへの欲望がどれほど含まれているのかを了解していくしかない．つまり，どの程度まで私たちが自分たちの都合で子ども像を作っているかを認識することが必要なのである．そうしないかぎり，私たちは子どもに子ども像を押しつけ，抑圧的な教育を繰り返していってしまうだけになる可能性から逃れることはできないだろう．

かつて，哲学者メルロ＝ポンティはおとなと子どもの関係について，ソルボンヌ大学の教育学・心理学講義で次のように言っていた．

> 子どもとは，私たちおとながこうだと信じている当のものであり，子どもはこうあって欲しいと望んでいるものの反映にほかならない．私たちが他者と向かい合って存在しているという事実によって，私たちは子どもと向かい合っていることへと結びつけられている．私たちがどの程度まで「子どもの心」の造り手であるかを私たちに感じ取らせてくれるのは歴史だけである．(Merleau-Ponty, M., Psychologie et pédagogie de l'enfant : Cours de Sorbonne, 1949-1952, Verdier, 2001, p.90)

私たちは歴史との対比の中で，子ども像のなかに含まれているおとな達の欲望を見る目を養わなければならない．この視点によってこそ，現実の子どもとおとなとの関係はより良いものへと発展していくことだろう．

参考文献

- アリエス，杉山光信・杉山恵美子訳『〈子供〉の誕生』みすず書房，1980 年
- Merleau-Ponty, M., Psychologie et pédagogie de l'enfant : Cours de Sornonne, 1949-1952, Verdier, 2001.
 （なおこの講義の一部は，木田元・鯨岡峻訳『意識と言語の獲得』みすず書房，1993 年 として訳されている．）

第 11 章

教育と時間

第 1 節　はじめに

　あなたが子どもの頃，親や周囲の大人からよく言われて嫌だった言葉にはどんなものがあるだろうか．「勉強しなさい」,「はやく～しなさい」,「お姉ちゃんはできたのにあなたは～」,「男の子のくせに」,「女の子のくせに」,「勝手にしなさい」,「あなたのために言っているんだ」など．まだ他にもたくさんあるだろうし，いまも言われ続けている言葉があるかもしれない．そのような言葉を使わないために，子どもへの禁句集や NG ワード集といった本が出されている．だが逆にいえば，こういった本が出されていること自体，多くの大人たちが繰り返し使ってしまっている証拠ともいえる．

　さて，これらの言葉の中でも NG ワードとして必ず挙げられるのが「はやく～しなさい」だろう（同じ意味合いで「さっさとしなさい」あるい「ぐずぐずするな」という言葉も使われる）．「はやく勉強しなさい」,「ゲームばっかりしていないでさっさとお風呂に入りなさい」,「はやく寝なさい」…．日本の多くの子どもたちは「はやいこと」,「はやく～すること」を金科玉条として幼い頃からたたき込まれるといってもいい．

　ではいったい，大人たちはなぜ急いでいるのか．私たちはそんなにあわててどこに行こうとしているのか．時間を「節約」して，その「余った」時間をどうしようというのだろうか．そこで本章では，時間と人間そして時間と教育とのかかわりについて考えていくことにしよう．

第2節　時間のとらえ方

　あなたは，大学に入学したばかりの頃，90分（ないしは100分）という授業時間がとてつもなく長く感じられたことはなかっただろうか．ひょっとすると，大学生活にかなり慣れた頃になっても，授業時間の長さだけには慣れることができないという人がいるかもしれない．けれど，どうだろう．気の合う友人と話したり，カラオケで好きな曲を歌ったり，自分の趣味に没頭していると，90分程度の時間はあっという間に過ぎていってしまうはずだ．同じ長さの時間であるはずなのになぜこうも違うのか．一言で時間といってもさまざまなとらえ方がある．

この絵はサルヴァドール＝ダリの有名な作品である「The persistence of Memory」1931．ダリはどんな「時」を示そうとしたのだろうか．

　時計上の時間と個人が体験する時間との大きな隔たりについては，私たちは日頃からよく感じていることである．これはギリシア語に起源をもつクロノス（chronos）とカイロス（kairos）という2つの概念の対比で表わすことができる．いずれも「時」を表わす言葉であるが，クロノスは時計やカレンダーで示される物理的・客観的な量的時間を指す．一方のカイロスは，たとえば自分の進路を決定した時，一生のパートナーに出会った時など個人にとって重要な意味をもっている時のような質的時間を指している．クロノスが示す時を線のような流れのイメージとするならば，カイロスが示すのは点としての時のイメージである．たとえば，ある年の1月17日午前5時46分は，ある人の人生に対して大きな影響を与えたカイロス的な時であっても，他の人々にとっては他の多くの時間と同じ意味しかもたないクロノス的な時なのである．

　私たちが海外を旅行するとさまざまな文化の違いから，いわゆるカルチャーショックを経験し，日頃意識しない日本のいい面や悪い面を再認識することも多い．そのうちの一つが，時間感覚の違いではないだろうか．分単位さらには秒単位で正確に運行される日本の列車ダイヤに対して，ある国の鉄道では数時間遅れはあたりまえで，またそれに対して不平を言うでもなく客が平然と待ち

続ける．あるいは，約束（時間）に対しての各国の人たちの対応が全く異なることなど．文化人類学者の E.ホールはこれらの違いを，人間のかかわり合いや相互交流に力点を置くポリクロニック・タイム（Polychronic Time － 多元的時間）と，スケジュールが支配するモノクロニック・タイム（Monochronic Time － 単一的時間）と名づけている．ファストフード店でのやりとりを例にとるならば，1人の店員と10人の客がいたとして，店員が1人1人の注文を順番に聞いていく（日本に住む私たちにとって自然と思われる）やり方はモノクロニックであり，1人の店員が10人すべての客の相手を一度にしようとする（私たちにとっては混乱としか思えない）やり方はポリクロニックなのである．

ポリクロニック・タイムは，私たちにとって非合理的としか映らないのだが，ホールによれば，いずれにも長所と短所があるという．ただし，モノクロニック・タイムは人間固有のリズムや創造活動に内在するものではなく，自然の中に存在するものでもない，それは習得されたものであると述べている．

さて，いまでは「時間にうるさい」とされる日本人も，古来よりそうであったわけではない．『ラジオ体操の誕生』は日本人にとってのラジオ体操の意味を，日本人の身体と時間の問題を中心として解き明かそうとした興味深い著作である．その中で著者の黒田勇は，日本は明治期以降にそれまでのポリクロニックな時間から西洋近代的なモノクロニックな時間へと国家をあげて急速に時間の再編成を行ったと考えている．この再編成を全国規模で可能にしたのが1925（大正14）年に開始されたラジオ放送であり（たとえば秒という単位は天文学などの分野で従来から使われていたが，それが庶民の生活の中に入ってきたのはラジオ放送開始によるものといわれている），とりわけその政策の一翼を担ったのが1928（昭和3）年に始まったラジオ体操であったという．全国で何万人もの人たちが，同時刻に一斉に同じ動作を行っている情景を思い浮かべてみよう．これはラジオ登場以前には考えられなかったことだといえる．黒田は，ラジオ体操がモノクロニックな時間と個々の身体をダイレクトに結びつけることで，スケジュール重視の新しい社会制度へと人々を従属させる毎日の儀礼としての役割をもっていたと指摘するのである．では，私たち現代人と時間とのかかわりについてはどのようにみることができるだろうか．それについては次節で検討することにしよう．

第3節　現代人と時間―『モモ』を通して―

　『モモ』はドイツの作家 M. エンデの代表作である．「時間どろぼうと，ぬすまれた時間を人間にとりかえしてくれた女の子のふしぎな物語」とあるように，時間が中心的な 1 つのテーマとなった作品である．以下では，この作品を通して私たち現代人と時間とのかかわりについて考察を進めていこう．

　ある大きな都会の町はずれに円形劇場の廃墟があった．奇妙な格好をしたモモという少女がある時からそこに住みついた．近所の人たちが，みんなで力を合わせて彼女のめんどうをみることになる．モモはとりたてて何かができるという才能があったわけではないが，人の話を注意深く聞き，聞いてもらった人たちの方は不思議と勇気が出てきたり希望がわいてきたりする．そんな町にある時から「時間貯蓄銀行の外交員」を名乗る「灰色の男たち」が目立たないように人々の生活の中に忍び込んでくる．彼らの目的は人間の時間を奪うことであった．彼らは時間を自分たちの活動のエネルギーとしているので，もし他人から奪った時間がなくなってしまうと存在することができなくなる．灰色の男たちの標的になった一人が床屋のフージー氏だった．灰色の男はフージー氏の店にやってくると，さっそく彼の人生の時間についてこと細かく計算し始める．そして，友人とのつきあいやインコの世話，合唱団での練習や母親との語らいなどを「むだな時間」と決めつけ，そういった時間を節約し自分たちの時間貯蓄銀行に預けるように契約をさせたのである．

　それまでのフージー氏はこんな床屋だった．

　　彼はべつにおしゃべりがきらいではありませんでした．むしろ，お客をあいてに長広舌をふるい，それについてのお客の意見を聞くのがすきだったのです．はさみをチョキチョキやるのや，せっけんの泡をたてるのだって，いやなわけではありません．仕事はけっこうたのしかったし，うでに自信もありました．なかんずく，あごの下のひげをそりあげるのは，だれにも負けないほどじょうずでした．（『モモ』p.77．以下，同書より引用の場合はページ数のみを記す）

　ところが，灰色の男と契約した後の彼はまるで別の人間になってしまう．

> フージー氏はぶすっとして客をあつかい，よけいなことは一切せず，ひとことも口をきかないで働きましたから，ほんとうに一時間ではなく二十分で仕上がってしまいました．それからはどの客にたいしてもそうでした．こうなると仕事はもうちっともたのしくありません．でもそんなことは，もうどうでもいいのです．〜中略〜 彼はだんだんとおこりっぽい，落ちつきのない人になってきました．というのは，ひとつ，ふにおちないことがあるからです．彼が倹約した時間は，じっさい，彼のてもとにひとつものこりませんでした．魔法のようにあとかたもなく消えてなくなってしまうのです．彼の一日一日は，はじめはそれとわからないほど，けれどしだいにはっきりと，みじかくなってゆきました．あっというまに一週間たち，ひと月たち，一年たち，また一年，また一年と時が飛びさってゆきます．
> (p.91)

さまざまなことを効率化し，時間を節約しているにもかかわらずそれを実感することができず，時間がどんどん過ぎ去っていく．このことはフージー氏だけに起こったことではなく，この町全体へと広がっていく．

> フージー氏とおなじことが，すでに大都会のおおぜいの人に起こっていました．そして，いわゆる「時間節約」をはじめる人の数は日ごとにふえてゆきました．その数がふえればふえるほど，ほんとうはやりたくないが，そうするよりしかたないという人も，それに調子を合わせるようになりました．毎日，毎日，ラジオもテレビも新聞も，時間のかからない新しい文明の利器のよさを強調し，ほめたたえました．こういう文明の利器こそ，人間が将来「ほんとうの生活」ができるようになるための時間のゆとりを生んでくれる，というのです．ビルの壁面にも，広告塔にも，ありとあらゆるバラ色の未来を描いたポスターがはりつけられました．絵の下には，つぎのような電光文字がかがやいていました．
>
> 　　時間節約こそ幸福への道！
>
> 　あるいは
>
> 　　時間節約をしてこそ未来がある！
>
> 　あるいは

第3節　現代人と時間—『モモ』を通して—　　*179*

きみの生活をゆたかにするために　—　時間を節約しよう！

　けれども，現実はこれとはまるっきりちがいました．たしかに時間貯蓄家たちは，あの円形劇場あとのちかくに住む人たちより，いい服装はしていました．お金もよけいにかせぎましたし，使うのもよけいです．けれど彼らは，ふきげんな，くたびれた，おこりっぽい顔をして，とげとげしい目つきでした．〜中略〜　彼らは余暇の時間でさえ，少しのむだもなく使わなくてはと考えました．ですからその時間のうちにできるだけたくさんの娯楽をつめこもうと，もうやたらとせわしなく遊ぶのです．（pp.92-93）

　もちろん『モモ』は架空の物語である．しかし，ここに描かれた人物たちの姿を私たち現代人とは無縁の存在だと言い切れる人がどれほどいるだろうか．たとえ自分がそう望んでいなくても，みんなが時間を節約し急ぐからそれに巻き込まれ，私たちは同じように急ぎ始めてしまう．とりわけ都市部でこの傾向は強いといえるだろう．みんなと違うことをするのは大変な勇気が必要であり，大きな不安を抱え込むことにもなるからだ．また，最後の「やたらとせわしなく遊ぶ」という部分は，添乗員に引き連れられ分刻みのスケジュールで名所旧跡巡りをこなしていく日本人の団体旅行を思い浮かべながらエンデが書いたのではないかとさえ感じさせる．

　ところで，灰色の男たちが時間貯蓄の契約を交わしたのは主として人間の大人たちとであり，子どもたちについては後回しであった．彼らの世界の裁判官は法廷でこのように述べている．

　　「子どもというのは，われわれの天敵だ．子どもさえいなければ，人間どもはとうにわれわれの手中に完全に落ちているはずだ．子どもに時間を節約させるのは，ほかの人間の場合よりはるかにむずかしい．だからわれわれのもっともきびしい掟のひとつに，子どもに手を出すのは最後にせよ，というのがきめられているのだ．」（pp.154-155）

　大人からいとも簡単に時間を奪い去る灰色の男たちが，子どもに対してはかなりの苦戦をしいられている．なぜ難しいのか．それは子どもが生きる時間と大人が生きる時間との違いにあると考えることができる．前節でみたホールの

時間概念を援用すれば，子どもはポリクロニック・タイムを生きているといえよう．スケジュール遵守や時間管理から離れたところに子どもたちはいるのである．大人の目からは落ちつきのなさや注意力散漫としか見えない子どもたちの行為は，その時々に周囲で起きている関心事へ向けられたものなのかもしれない．「よけいなことを気にしていないで，勉強しなさい！」，「きょろきょろしないで，ご飯に集中してさっさと食べてしまいなさい！」と大人から子どもに向けてたびたび発せられる言葉は，両者の時間感覚のズレを表わすものといえるだろう．つまり，モノクロニックな大人たちの時間と違い，子どもたちのポリクロニックな時間を奪い去ることは，灰色の男たちにとっては一筋縄ではいかないことなのである．

しかしその子どもたちも，当然のことながら社会の動きとは無関係ではありえない．以前はよく一緒に遊んでいた子どもたちとモモとがこんなやりとりをしている．

「で，これからどこに行くの？」
「遊技の授業さ．遊び方をならうんだ．」とフランコがこたえました．
「それ，なんなの？」
「きょうやるのは，パンチカードごっこさ．」とパオロが説明しました．
「とってもためになるんだよ，でもものすごく注意力がいるのさ．」
　　〜中略〜
「そんなことがおもしろいの？」
「そんなことは問題じゃないのよ．」と，マリアがおどおどして言いました．
「それは口にしちゃいけないことなの．」
「じゃ，なにがいったい問題なの？」
「将来の役に立つってことさ．」とパオロがこたえました．（pp.286-287）

「なぜ学校に行く必要があるのか」そして「なぜ学ばなければならないのか」など，子どもたちからのこういった問いかけは，今に始まったことではない．しかし，不登校や引きこもりが社会問題化している現代において，これらの問いがもつ意味はより先鋭化している．多くの大人にとって，この問いに答えることは決して容易なことではないだろう．かりに何か答えたとしても，それで

子どもたちを納得させることは難しい．そして苦し紛れに出てくるのが「あなたの将来のためなんだから」，「今はわからなくてもそのうちわかるから」といった言葉かもしれない．高校受験のために中学時代を過ごし，大学受験のために高校時代を過ごす．そして就職のために大学時代を…というあり方は，残念ながら例外的ともいえない．もちろん，未来のためという生き方がいけないのではない．未来のたんなる手段として＜いま＞をみてしまうことが問題なのである．前節で見た時間のとらえ方でいえば，目的第一主義の生き方は，その時々のカイロス的な時を，多数のうちの1つに過ぎないクロノス的な時にどんどん変えていってしまっているといえる．

　以前私は授業で「目的の奴隷になるな」という話をしたことがあった．するとある学生からこういう反論が返ってきた．「目的や目標をもたずに生きていて，そんな人生に何の意味があるんですか？」と．私の真意は目的をもつなということではなく，未来の一つの目的だけに縛られて生きるなということにあったのだが，その学生にとっては，幼い頃から＜いま＞はいつも目的としての未来のためにあり，＜いま＞そのものを感じ，そして生きるという感覚を実感したことはほとんどなかったのかもしれない．では，未来という目的に隷属せず，＜いま＞を生きることとはどういうことなのか．モモの親友である道路掃除夫ベッポの話に，少し長くなるがじっくりと耳を傾けてみよう．

　　「なあ，モモ，」と彼はたとえばこんなふうに始めます．「とっても長い道路を受けもつことがよくあるんだ．おっそろしく長くて，これじゃとてもやりきれない，こうおもってしまう．」

　　彼はしばらく口をつぐんで，じっとまえのほうを見ていますが，やがてまたつづけます．「そこでせかせかと働きだす．どんどんスピードをあげてゆく．ときどき目を上げてみるんだが，いつ見てものこりの道路はちっともへっていない．だからもっとすごいいきおいで働きまくる．心配でたまらないんだ．そしてしまいには息が切れて，動けなくなってしまう．こういうやりかたは，いかんのだ．」

　　ここで彼はしばらく考えこみます．それからやおらさきをつづけます．

　　「いちどに道路ぜんぶのことを考えてはいかん，わかるかな？　つぎの

一歩のことだけ，つぎのひと呼吸のことだけ，つぎのひとはきのことだけを考えるんだ．いつもただつぎのことだけをな．」

またひとやすみして，考えこみ，それから，

「するとたのしくなってくる．これがだいじなんだな．たのしければ，仕事がうまくはかどる．こういうふうにやらにゃあだめなんだ．」

そしてまたまた長い休みをとってから，

「ひょっときがついたときには，一歩一歩すすんできた道路がぜんぶ終わっとる．どうやってやりとげたかは，じぶんでもわからん．」彼はひとりうなずいて，こうむすびます．「これがだいじなんだ．」(pp.48-49)

このベッポと同じ思いを口にした人物がいる．シアトル・マリナーズ，イチロー選手．2004年10月に大リーグのシーズン最多安打記録を塗り替えた際に，記者から今後の目標はと聞かれてこう答えた．「次のヒットを打つことです．」彼らに共通するのは，一歩一歩を着実に進んでいくことである．しかし，これは簡単に口でいうほど誰にもできることではない．私たちは大きな目標をめざすとなると，早くそこにたどり着こうと焦ってしまい，足元がおぼつかなくなり，ときにそれを断念してしまう．しかしベッポやイチローは，遠くの目標をしっかりと見据えながらも，目の前の一歩一歩を確実に進んでいく姿勢を崩さない．そして，それが結果として目標に結びついていくのである．

『モモ』を通して私たち現代人と時間とのかかわりについて考えてきた．では次に学校に焦点をあてて，その中の時間についてみていこう．

第4節　学校のなかの時間

ホールがモノクロニック・タイムは生後に習得されると述べたように，子どもたちは成長していく中で，自分が属する社会や文化固有の時間感覚を自然と身につけていく．

ところで，江戸時代の庶民のための教育機関であった寺子屋においては，師匠が子どもたちに読み・書き・そろばんなどを教えたが，そこには今日の時間割に相当するものはなく，それぞれの子どもたちの学習進度に応じた教育が進められていた．その後，1872（明治5）年の学制によって近代的な学校教育制

度が日本に導入され，全国の学校は太陽暦に基づき40分や45分というという単位で時間割を編成し，7日ごとの週単位で運営していくようになった．

　こうして，小学校以上の学校教育の中に今日みられるような授業や時間割，さまざまな年間行事など，時間がはっきりと認識される枠組みがあらわれてくる．1日単位，1週間単位そして1年単位で学校の教育課程は編成される．その是非については議論の分かれるところであるが，「近代における国民的な義務教育，「普通教育」の主要な機能が―すくなくとものその潜在機能が―教科の内容自体よりもむしろ，時計的に編成され管理された生活秩序への児童の馴致にある…」というとらえ方をする論者も少なくない．たしかに，私たちが日常生活を送る場で，学校ほど厳密に時間の管理が行われているところは他にはあまり見あたらない．このように，近代以降の学校のあり方を考える上で，時間という視点は不可欠のものとなってきたのである．

　さて，私たちは頻繁に転校でも繰り返さないかぎり，自分が受けてきた学校教育を基準として学校や教育をとらえることになる（著名人が自らの経験をもとに教育論を語っていることがある．しかし，それらが実際にはあまり参考にならないことが多いのは，自分の過去を美化して語っているためだけではなく，自分の限定された経験を当然のように一般化していることにも原因がある）．そのため，学校のスケジュールなども生徒にとってはごくあたりまえのものとしか感じない．しかし，時間編成にはたとえそれが潜在的な形であるにせよ，それぞれの学校あるいは教師がもっている独自の「教育思想」が反映されていると考えられる．

　次ページに示した2つの表は，教育法則化運動の主導者であった向山洋一が，ある大学での講義の際に受講生に配布した小学校の週時程表（時間割は授業が示されたものであるが，週時程表には朝の会や清掃などの他の学校活動も示されている）である．彼は受講生たちにこう問いかける．「週時程表には一つの学校の教育主張が込められています．この週時程表に込められている教育主張をさがし出し，それに対する自分の意見を書きなさい」と（実際の講義においては表11.1を配った後，比較検討のために他校の例である表11.2を配っている）．あなた自身も考えてみてほしい．ここからどういう主張や思想を読み取ることができるだろうか．

184   第11章　教育と時間

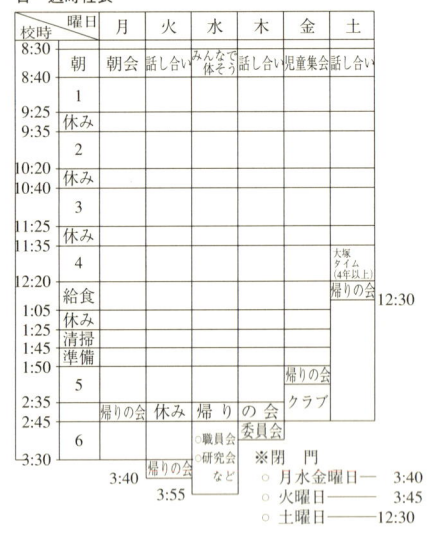

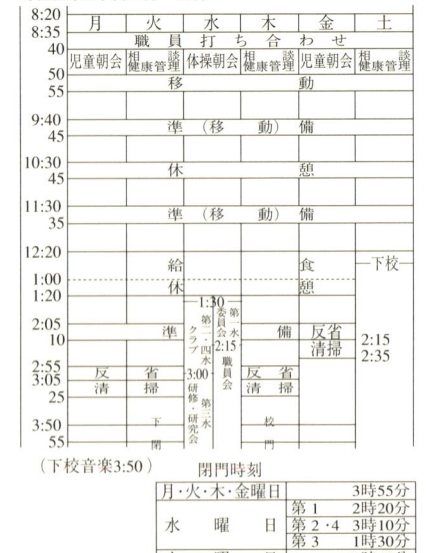

表 11.1[10]

表 11.2[10]

　学校には，時計をもとにした教育課程によって構成される外的な時間がある一方で，個々の生徒には彼ら独自の内的な時間があるといっていい．この外的な時間と内的な時間は交差し，それが時に葛藤となるのだが，それがもっとも明瞭な形で現れるのが授業という時間だろう．教育学者である F. キュンメルは，「授業のなかの時間」という論文において「時計時間と課題との間に引き裂かれたもの」，「獲得された時間か浪費された時間か」，「動機づけるのかあるいは動機をそぐのか」そして「時計の時間かそれとも時間の深さか」といった観点から授業という時間を描き出している．これらの観点は，外的時間と内的時間との葛藤を示すものといえるが，これまでの学校の授業では，一斉授業という形態からも明らかなように，外的時間が子どもたちの内に流れる内的時間に優越する位置にあった．外的時間を全く無視した学校での活動を考えることは困難である．しかし，「総合的な学習の時間」など生徒が主体的に参加する授業において，生徒自身が自らの内的時間を深く感じ，＜いま＞を充実させてい

くことは重要なことだといえよう．

第5節　おわりに

　さて，目には見えないが私たち現代人を強く規定している時間について，本章では考察を進めてきた．日頃，「忙しい，忙しい」とあたりまえのように口にしている私たちは，外的時間に支配され，灰色の男たちにせっせと時間を貢いでいるのかもしれない．

　忍耐は今日では「はやらない」言葉である．しかし，哲学者のO.F.ボルノーはこう述べる．「忍耐はたんなる無関心さとは別のもので，むしろ，自分の力で突進することをあきらめて，独自の法則によって動いているものと調和して生きる力である．簡単にいえば，時間と調和して生きることである」と．これは待つことができる力と考えられる．ときには自分のなかの時間の流れを感じながら，相手の時間の流れにも寄り添い，次の世代を担う子どもたちの成長を待つことができる大人となっていこう．

参考・引用文献

(1)　M. エンデ，大島かおり訳『モモ』岩波書店，1976年
(2)　織田一朗『日本人はいつから＜せっかち＞になったのか』PHP研究所，1997年
(3)　F. キュンメル，中戸義雄／大西勝也訳「授業のなかの時間」（森田孝ほか編『人間形成の哲学』大阪書籍，1992年所収）
(4)　黒田勇『ラジオ体操の誕生』青弓社，1999年
(5)　中井孝章『学校教育の時間論的展開』溪水社，2003年
(6)　中戸義雄「教師であること」（田井康雄編『教育職の研究』学術図書，2001年所収）
(7)　E. T. ホール，宇波彰訳『文化としての時間』TBSブリタニカ，1983年
(8)　O. F. ボルノー，浜田正秀訳『人間学的に見た教育学』玉川大学出版部，1973年
(9)　真木悠介『時間の比較社会学』岩波書店，1981年
(10)　向山洋一『プロ教師による教育課程編成＝学校づくり』明治図書，2002年

第 12 章

教育と空間

第 1 節　はじめに

　あなたは毎朝電車に乗る時にどこに座る（立つ）だろう．それはだいたい決まった位置だろうか．混雑しているときと空いているときとでは違いはないだろうか．大学の教室ではいつもどのあたりに座るだろう．中学や高校の頃，席替えをして教室の前から後ろへ，あるいは後ろから前へと自分の席が移ったとき，授業を受ける気持ちに変化はなかっただろうか．見えているようでじつはよく見えていないもの，それが空間なのかもしれない．そこで本章では，空間と人間そして空間と教育とのかかわりについて考えていくことにしよう．

第 2 節　生きられた空間

　空間という言葉を聞いて，あなたが頭に思い浮かべるものは何だろうか．たて・よこ・高さの次元で表わされる空間，もう少し具体的なイメージとしては大きな空の箱のようなものではないだろうか．これは 3 次元ユークリッド空間と呼ばれるものであり，量的な空間ともいえるだろう．O. F. ボルノーはこの 3 次元ユークリッド空間がもつ特徴を次のように述べる．

① この空間ではどの点，そしてどの線も，他の点や他の線に対して優越した価値をもつものではない．
② この空間はもともとの座標原点をもたない．

③ 任意に選んだ点を座標原点とし，任意に選んだ直線を座標軸とすることができる．
④ 空間は完全に均質であり，すべての方向に向かって無限に広がっている．

しかし，これはあくまでも抽象化された物理的・数学的な空間のとらえ方に過ぎない．ボルノーは人間と空間とのかかわりについて次のようにとらえている．「人間は，たとえばある物が木箱のなかにあるように空間のなかにいるのではないし，また最初はあたかも空間を欠いている主観のようなものとしてそこに存在し，そのあとから空間とかかわりあうのではない．生活は根源的に空間とのかかわりあいにおいて成立し，たとえ思考のなかであっても空間から解き放たれることはできないのである．」（ボルノー，p.21）そこでボルノーは，ユークリッド空間に対して「体験された空間（der erlebte Raum）」という概念を提示する．これは質的な空間ということができるだろう．彼によれば，体験された空間とは以下のような特徴をもつ．

① この空間においては人間が今いる場所という他に優越する原点があり，人間の直立する姿勢に関連して他に優越する軸がある．
② この空間におけるいろいろな方位やいろいろな場所は質的に区別されている．
③ 体験された空間はまずは完結した有限の空間として現れ，その後の諸経験によって無限の広がりを示す．
④ この空間は人間の生活とつながりをもつ具体的な空間である．

もちろんこの空間は人間によって体験されたものであり，その意味で「生きられた空間」であるといえる．しかしながら，人間が体験し，生きている空間をすべての生物が同様に生きているわけではない．生物学者のユクスキュルは「環境世界論」を提唱したが，次のような例でそれを説明している．ある種のダニは，灌木の枝先によじ登り，下を通り過ぎる哺乳動物の上に落ちて，その血を吸う．このダニには目がなく聴覚ももたない．哺乳類が近づいてくると，その皮膚腺から流れ出ている酪酸の臭いに反応しその上に落ちる．そして，温度感覚と触覚によってできるだけ毛の少ないところを探し出し，皮膚から血を吸い込む．うまく獲物の上に落ちることができなければ，ダニは再び灌木に登り，ひたすら次の獲物を待ち続けることになる．このダニは視覚，聴覚（そし

て味覚がないことも証明されている）を欠き，酪酸に限定して反応する臭覚と温度感覚と触覚だけで構成された環境世界に生きていることになる．つまり，私たちが目にするさまざまな景色や耳にするいろいろな音もダニにとっては存在しないことになる．

しかし，限定された環境世界はダニに限らずすべての生物にあてはまることであり，人間だけがその拘束から逃れているわけでもない．私たちは，イルカやコウモリが聞くことのできる一定音域の音を聞いたり，昆虫たちが識別できる色を見たりすることはできない．つまり，あらゆる生物は，それぞれに特有な空間に生きているのであり，私たちが経験しているのは，それはあくまでも人間にとってのみ固有な空間なのである．

この生きられた空間は，私たち人間にとってどのような意味をもつのか．次節では「居場所」をキーワードにして，そのことを考えていこう．

第3節　現代の居場所

「ひきこもり」が社会問題化している．その数は50万人とも100万人ともいわれている．数年前にテレビで放送されたドキュメンタリーのなかで，25年間ひきこもりを続けている人物（39歳，男性）がその理由について語っていた．「（社会で）自分の役割を生かせる場がなく」，「居場所がない」と．ひきこもりの状態にある人たちだけではなく，このように「居場所のなさ」を感じている人は現代社会には少なくないだろう．では居場所とは何か．青少年の居場所について考察を進めている田中治彦は，居場所がもつ意味を次のようにとらえている．

① 居場所は「自分」という存在感とともにある．
② 居場所は自分と他者との相互承認というかかわりにおいて生まれる．
③ 居場所は生きられた身体としての自分が，他者・事柄・物へと相互浸透的に伸び広がっていくことで生まれる．
④ 同時にそれは世界（他者・事柄・物）の中での自分のポジションの獲得であるとともに，人生の方向性を生む．

言うまでもなく，居場所は物理的空間に限定されるものではない．その場において，人がどういう状態にあるのか．ここではとくに②の相互承認というあり方が問題となる．ただ人と人とがかかわっているのではなく，人から自らが認められ，そして自らも人を認めるという関係が重要なのである．承認されること，認められることはあたりまえのことのようで，けっしてそうではない．「よい子」と呼ばれる子どもを考えてみよう．なぜ彼らは「よい子」と呼ばれるのか．たいていの場合彼らは学校の成績もよく，性格もいいし，親の言うこともよく聞く．そして親も彼らを認め，わが子が「よい子」であることに満足する．しかし，少しうがった見方をすれば，それは条件つきの承認であるかもしれない．親は「あなたは～ができるから」と褒め，「あなたは～だから」と認める．それは親にとって都合の「よい子」であるのかもしれない．親の過大な期待についていけなくなった子どもたちの口から「お父さんやお母さんに認めてほしかったからがんばってきたけど，もう…」という言葉が聞かれることは残念ながらまれともいえない．「よい子」であることの息苦しさは，そのままの自分を出してしまうと親（や周囲の大人たち）は認めてくれなくなるかもしれないという不安感から来ている部分も大きいであろう．子どもに対しての親だけではなく，人が人を認めるということは，大切である分だけ困難も伴うことになる．

　また，④の人生の方向性を生むということは，居場所の空間的な広がりが時間的な広がりへとつながっていくことも意味している．つまり，いまという居場所を基点にして将来を見通すことになるのである．逆に言えば，居場所がないことは，これらから先の将来が見えないことを意味するのだろう．このことは，ひきこもりの人たちの多くが抱える不安とも結びついている．そして，田中は居場所を失ってしまうことを次のようにとらえている．

① 居場所は，他者・事柄・物からの一方的規定によって喪失していく．
② それは世界の中での「自分」というポジション，人生の方向性，存在感の同時喪失を意味している．
③ それはまた自明な世界の喪失でもあり，より安全な世界への引きこもりをうながす．

つまり，失われた居場所を取り戻すということは，自分という身体を取り戻すことからスタートする必要があるというのだ．

ところで，若者の居場所という言葉で思い出すことがある．以前，私は規模の大きい大学に勤務していた．そこで担当していた授業に提出されたレポートのなかにこのような文章があった．「今までには経験したことのないほどの巨大な敷地，巨大な建物，巨大な人口…すべてが初めてのことばかりで，自分の居場所がないように思われ，どこへ行っても一人で，寂しいのか寂しくないのかもわからないような状態になりました.」これはある女子学生が大学入学直後の心境を書き記したものである．たしかに大学生の場合，高校までとは異なり「自分の教室」，「自分の机」といったものをもたず，授業ごとに移動を続けながらつねによそよそしい空間の中でそれぞれの授業を受けることになる．では，高校までの学校は子どもたちにとっての居場所であったのだろうか．

そこで次節では，学校そして教室という空間を取り上げていく．

第4節　学校・教室という空間

「学校の絵を描いて下さい」と言われたら，あなたはどんな絵を描くだろうか．時計台があるかないかなど，多少の差は見られるだろうが，多くの人は同じような窓が並んだ長方形の構造物を描くことが予想される．最近でこそそれぞれの学校で特色のある建築も見られるようになってきたが，戦後の長い期間にわたって学校建築の大半は無機的で機能主義的な建造物であった（とりわけ都市部でこの傾向は強い）．しかし，近代学校制度が確立した明治初期には擬洋風と呼ばれるユニークな建築もみられたのである（図12.1および図12.2を参照）．

こうした一部のユニークな建築を除く多くの学校では，校舎内の教室の配置はいわゆる「片廊下一文字型（ようかん型）」と呼ばれ，一直線の廊下の横に，均質的で閉鎖的な教室が連続して並んでいるというものであった．そこには知識を教え込む教室を必要な数だけ並べるという発想が見て取れる．

教室について考えてみよう．あなたは教室の中で「前を向け」と言われたらいったいどこを向くだろうか．当然黒板（ないしはホワイトボード）が設置さ

第 4 節　学校・教室という空間　　191

図 12.1　旧開智学校（長野県松本市，1876（明治 9）年）［写真提供：Lonely Trip (http://www45.tok2.com/home/todo94/) todo 氏］

図 12.2　旧尾県学校（山梨県都留市，1878（明治 11）年）［写真提供：尾県郷土資料館協力会　堀内幸一氏］

れ，教卓がある方を向くだろうし，大学などの場合は椅子自体が固定されていて，そのまま座った状態では他の方向を向くこともない．しかしこの教室のあり方も，時代をさかのぼれば違った姿が見えてくる．

　図 12.3 は江戸時代の寺子屋の風景を描いた浮世絵であるが，この絵からもわかるように，子どもたちがみな先生（寺子屋の場合は師匠）の方を向いて学んでいるわけではない．これは学習形態が一斉授業中心の現代の教室と，それぞれの進度に応じた個別学習中心の寺子屋との違いを表わしている．

　私たちがあたりまえのものとして受けてきた一斉授業，そして教室というのは歴史的な「発明」であったといえる．

　図 12.4 はランカスター・システムと呼ばれる一斉教授法である．産業革命期に考案された効率重視の方法で，イギリスのベルとランカスターによって同時期に考案されたためベル・ランカスター法ともいわれる．生徒の

図 12.3　「文学ばんだいの宝　末の巻」一寸子花里　弘化頃（くもん子ども研究所蔵）［くもん子ども研究所編『浮世絵に見る江戸の子どもたち』小学館，2000 年，p.168］

図 12.4 ランカスター・システム［森重雄『モダンのアンスタンス』ハーベスト社，1993年，p.40（Malcom Seaborne, Education – A Visual History of Moder Britain, Studio Vista Limited, 1966）］

なかの優秀な何名かを「助教」（monitor）と
して選出し，彼らに他の生徒を教えさせるという方法である（別名「助教法」（monitorial system）ともいう）．教師は数人の助教を相手にまず授業をし，その後に助教が各集団の生徒に対してその内容を伝えていく（この図の中で立っているのが助教）．

さて，日本の教室に視点を戻そう．大学の大教室や小学校・中学校・高校での特別教室などを除けば，「普通」教室はどれも同じような大きさ・形だったのではないか．小学校設置基準及び中学校設置基準などによって校舎の面積や運動場の面積は決められているが，教室の面積について厳密な規定があるわけではない．にもかかわらず，近代学校制度がスタートした明治以降，大きな変化は見られない．1899（明治32）年の小学校設備準則などの法律によって教員1人当たりの児童数が80人を超えないこと，そして1坪あたりの生徒が4人を上回ってはならないと定められた．そこから教室は幅4間（7.2m）×奥行き5間（9m）の20坪が基準となり，それが今日まで大半の学校で受け継がれている．つまり日本の学校の教室は，100年以上にわたってほとんどその姿を変えていないのである．

ところで，生徒自身の目から見た教室について，大変興味深い研究発表があ

るのでそれを紹介しよう．これは1998年にフクイ デザインマインド コンペティションに参加した，福井県立武生工業高校，都市・建築科の3人の生徒による「教室から見た机」という研究発表である．

「他の学校の教室の大きさってどうなっているんだろう？」という素朴な疑問から出発し，最終的には自分たちでデザインした新しい机の提案を行なっている（ちなみに，彼らの研究発表は審査員特別賞を受賞した）．まず，彼らは近隣の小学校・中学校・高校の計6校について，それぞれの教室の大きさ，机の配置，机の大きさなどを調査していく．そうするなかで，「小学校，中学校，高校どこでも，机の大きさが幅60cm奥行き40cmと全く同じ」で，そして「教室の大きさは多少のばらつきがあるものの，間口7m，奥行き9mを中心に分布」していることを確かめていく．彼らが調べた教室の大きさについては，先ほど述べた，画一化された日本の学校の教室の大きさを裏づけるものとなっている．

彼らはまた，それぞれの教室がもつ雰囲気の違いに気づいていく．「実測しながら感じたことは，小学校，中学校，高校とそれぞれ，教室の雰囲気が全然違っていたことです．小学校の教室には水槽があったり，絵が飾ってあったりととてもなごやかな感じがして，楽しそうに思えました．それに比べて中学，高校と学年があがるにつれて，殺風景な感じがしました．ちょっとの工夫でただの教室もいろいろ変わるんだと思いました．」これは，学習を中心としながらも，そこに「住まう」という視点から居心地を重視する小学校と，学習という機能を重視する中学校・高校との教室のとらえ方の違いが現れているものといえよう．

これまで学校空間には「保護・隔離」という2つの機能が求められてきた．子どもたちを危険に満ちた社会から保護し，学校内へと隔離するという，いずれの機能についても空間を閉ざすことに力点が置かれている．それに対して，近年盛んになってきたのはオープンスペース化である（図12.5参照）．

これまでの閉鎖空間という画一的な学校建築を見直すにあたって，オープンスペース化は重要な役割を果たしているといえる．しかし今度は逆に，そのオープンスペースそのものが定型化し画一化してしまう兆しを見せている．

空間としての学校はこれからどうなっていくのだろうか．そしてどういうあり方が目指されるのか．教育学者の佐藤学は，これまでの画一化された学校建

194　第12章　教育と空間

図 **12.5**　本町小学校の学年スペース ［上野淳『未来の学校建築』1999 年, p.94］

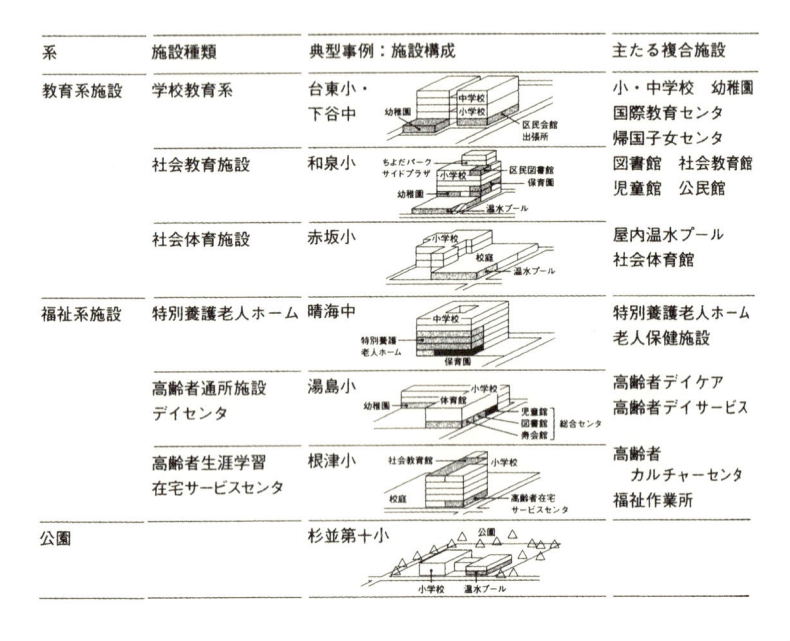

系	施設種類	典型事例：施設構成		主たる複合施設
教育系施設	学校教育系	台東小・下谷中	中学校/小学校/幼稚園/区民会館出張所	小・中学校　幼稚園　国際教育センタ　帰国子女センタ
	社会教育施設	和泉小	ちよだパークサイドプラザ/小学校/幼稚園/区民図書館/保育園/温水プール	図書館　社会教育館　児童館　公民館
	社会体育施設	赤坂小	小学校/校庭/温水プール	屋内温水プール　社会体育館
福祉系施設	特別養護老人ホーム	晴海中	中学校/特別養護老人ホーム/保育園	特別養護老人ホーム　老人保健施設
	高齢者通所施設デイセンタ	湯島小	小学校/幼稚園/体育館/児童館・図書館・寿会館/総合センタ	高齢者デイケア　高齢者デイサービス
	高齢者生涯学習在宅サービスセンタ	根津小	社会教育館/小学校/校庭/高齢者在宅サービスセンタ	高齢者カルチャーセンタ　福祉作業所
公園		杉並第十小	小学校/温水プール/公園	

図 **12.6**　学校を中心とした地域公共施設の複合化事例（東京都区部の例）［上野淳『未来の学校建築』1999 年, p.131］

築から抜け出すための評価基準として次の5つを設定する．

①　「学校とはどういう場所なのか」という問いかけがある．

② 「教え学ぶ」ことの基盤に「棲まい憩い交わる」ことが位置づけられている．
③ 子どもと教師の活動の＜広がり＞と＜深まり＞が仕掛けられている．
④ 教室空間の＜柔軟性＞が尊重されている．
⑤ 地域共同体のセンターとしてデザインされている．

これらの基準のうち①については，学校そして教育についての哲学・思想がその建築の基盤をなしているかどうかということになるだろう．④は空間の閉鎖性・固定化を排除しようとするものであり，⑤については，図 12.6 のような事例をすでに見ることができる．

第 5 節　おわりに

本章では空間について，いくつかの観点から考察してきた．学校，教室についていえば，そこに住まう主人公であるはずの子ども（そして教師も）の声が置き去りにされたまま，学校は建てられてきたのである．空間をすでにある動かせない既定のものとして見るのではなく，自らが空間に積極的に働きかけることを忘れてはならない．そうすることで空間はその柔軟性を見せ，私たちにとっての居場所としての姿を現してくれるのかもしれない．

参考・引用文献・HP

- 上野淳『未来の学校建築』岩波書店，1999 年
- くもん子ども研究所編『浮世絵に見る江戸の子どもたち』小学館，2000 年
- 佐藤学『学びの快楽』世織書房，1999 年
- 田中治彦『子ども・若者の居場所の構想』学陽書房，2001 年
- 『都市 建築』（日本近代思想体系 19）岩波書店，1990 年
- 福井県立武生工業高等学校，http://www.takefu-th.ed.jp/（2005 年 2 月 1 日現在）
- O. F. ボルノー，大塚惠一ほか訳『人間と空間』せりか書房，1983 年
- 森重雄『モダンのアンスタンス』ハーベスト社，1993 年
- J. von ユクスキュル，日高敏隆／野田保之訳『生物から見た世界』思索社，1973 年

第 13 章

情報と人間

第 1 節　人間存在と情報

1.　「開かれた存在」としての人間

　人間は他の動物と比較して，本能的には劣った存在であり，それに反して，多様な刺激を受け入れ対応していくことができる存在である．つまり，人間は本能に左右される程度が低く，その結果としてさまざまの刺激に対して「開かれた存在」ということができる．一定の刺激に対して確実に本能的に反応することはできないが，いかなる刺激に対してもそれなりの対応をすることができるのが人間の一つの特徴である．さらに，人間はこのような刺激を受けることによって，しだいにその刺激を自らの自己形成によって取り入れていくことができるようになる．そのような機能が人間の教育的可塑性に起因しているのである．

　このような教育的可塑性は環境からのさまざまの影響を教育的な作用として受け入れるとするオウエン（R. Owen, 1771～1858）の性格形成論をも導くのである．ただ，オウエンの性格形成論によると，人間の性格は環境からの影響によってその人自身は気づかないうちに変化していくのであるが，現実に人間は環境からのさまざまの要素を積極的に取り入れようとする性質ももっている．ここに人間にとっての情報の重要性が潜んでいるのである．

　「開かれた存在」である人間はさまざまの情報を意識的にも無意識的にも取り入れることによって，自己形成を遂げていくのである．人間は人間社会にお

いてのみ人間になることができるというナトルプ（P. Natorp, 1854～1924）の考え方も，人間社会におけるさまざまの情報が人間の自己形成を促すことによって社会的存在としての人間になっていくことを示していると考えることができる．それゆえにこそ，人間にとっての情報の意義はきわめて大きいのである．いかなる情報も存在しないような環境においては，人間は人間としての本性を十分にあらわすことはできない．さまざまの情報が人間の「開かれた存在」をより豊かなものにするのである．人間の「人間らしさ」はさまざまの情報のなかで独自の自己形成を遂げることによって個性豊かな人間になっていくことができるのである．このような意味において，情報はできる限り多様なものである必要がある．多様な情報が「開かれた存在」としての人間をより「人間らしい」人間にするのである．

2. 人間にとっての情報の意義

　人間が「開かれた存在」であるがゆえに，さまざまの情報を取り入れることによって豊かな自己形成を遂げる可能性をもつのである．しかしながら，個々の人間はそれぞれ独自の個性を形成していくのであるから，そのための情報を選択しなければならない．そして，人間が個性をもつようになるのは，人間が主体性をもち，主体的行為を行うようになるからである．そのような主体的行為が成り立つためには，人間は情報を受身的に受容するのではなく，積極的に取り入れねばならない．人間が情報を積極的に取り入れるためには，情報を受け入れやすい形に処理する必要がある．情報の受け入れ方は，人それぞれにおいて異なる．人間は自己形成を行う教育的有機体であるがゆえに，独自の方法で情報を受け入れているのである．つまり，教育的有機体である人間は，一人ひとり独自の情報処理能力をもっていて，それぞれの情報処理能力によって，情報を取捨選択しながら自己形成を遂げていくのである．

　それゆえ，情報化社会といわれる以前の時代においては，情報自体はそれほど大きな問題要素とは考えられていなかった．しかしながら，情報機器の爆発的な進歩に伴って情報化社会が進展し，情報の氾濫という状態がいたるところにあらわれるようになって，情報の意義はきわめて大きなものになりつつある．その結果，人間の本来もつ情報処理能力だけでは，十分に情報を取り入れ，整

理することができない時代になってきたのである．そこで，さまざまの情報処理のための機器の開発が行われ，それまでの人間にはできなかったような情報までもパソコンによって，簡単に処理し，自由に使いこなせるようになった．

ここで考えなければならない問題がある．従来情報は人間自身のもつ情報処理能力によって自己形成に取り入れていたために，情報処理は情報そのものを取り入れるという実質陶冶的意義があるとともに，情報処理によって処理能力を身につけるという形式陶冶的意義が伴われていた．それに対して，情報化社会においては，情報を処理するのは人間ではなく，コンピュータであり，コンピュータによって処理された情報を利用するという実質陶冶的意義しかもたなくなってきているのである．

情報化社会の進展に伴って，情報そのものがもつ形式陶冶的意義が失われつつあることをわれわれは認識しておかなければならない．

3. 人間形成における情報処理能力

本来，情報処理能力は人間の自己形成を進めていく原動力である．そして，そのような情報処理能力によって得られる情報の意義（実質陶冶的意義）と，その情報を得るための方法的術を身につける意義（形式陶冶的意義）を自己形成の過程で実現していくのである．自己形成を行っている教育的有機体としての人間の相互影響の行われている人間社会において，人間形成という概念が情報と密接なかかわりをもつようになってくるのである．それゆえ，さまざまの情報が氾濫している社会において人間形成は情報処理能力を中心に展開していくことになるのである．

情報の氾濫している社会において，さまざまの情報機器を駆使して自らの自己形成を遂げていく人間の日々の活動は必ずしも教育的意図に導かれるものばかりではない．つまり，人間は日常的な生活において人間自身が本来無意識のうちに情報処理を行っているが，現在のような情報氾濫の時代においてはそれだけでは十分ではなく，情報機器を利用せざるをえないのである．ここにおいて，新たな問題が生じてくる．情報とは人間がある目的を実現するために主体的に利用できる知識であり，目的もないのに情報機器を利用し，与えられた情報に振り回されている状態は人間形成につながる情報処理ではない．とりわけ，

現状の情報教育は単に情報機器の操作技術を教授しているだけの場合が多く，人間のもつ主体的な情報処理能力を失わせてしまう危険性がきわめて高い．

　人間形成における情報処理能力は日常的な生活の必要性に応じてあらわれてくる能力であり，従来は特別な教育を行う必要はなかった．しかし，情報機器の飛躍的な発展により，人間が必要とする情報処理というよりは情報処理そのものに引きずられた人間形成という事態があらわれつつある．必要もないのにパソコンを買い込み，パソコンの操作を続けることによって新たな情報処理能力を身につけたつもりでいるが，現実には自らの本質的な情報処理能力を失ってしまっていることに気づかない．その結果，パソコンがなければ何もできない人間になってしまうのである．これこそ人間形成の危機の時代であるといわざるをえない．つまり，人間形成と情報処理の関係は，人間形成が主なるものであり，情報処理能力はあくまでも人間形成を実現していくための手段でなければならない．このような点について，さらに考察を深めていく．

第2節　情報化社会の現状

1. 情報化社会における情報教育の危険性

　現在の「情報化」は人間生活における必要性から生じたという「情報化」というよりは，情報機器産業や情報ソフト開発企業によってつくり出された「情報化」である．それゆえ，一般大衆といわれる人々の生活に根ざした必要性を満たすというよりは，一般大衆を情報化の波に引き込んだ結果としての「情報化」である．その結果として，小学校から大学に至るまで現実に行われている情報教育はそのような情報機器の操作方法を教授することに終始している．特に情報機器の急速な改良過程にある現状では，情報教育の内容そのものも次々と変化していかざるをえない．つまり，現在の情報教育は人間形成を導く教育とはきわめてかけ離れた技術教育に過ぎない．

　このような現状において，情報教育の危険性を認識しつつ，それが方法技術教育であるという認識で情報教育に携わる人はきわめて少ない．情報教育が新しい教育であり，それまでの教育に取って代わる本質的な教育であるとする考え方は人間の本質としての人間性を無視し，人間形成そのものを否定する教育

につながる危険性がある．現実の情報教育は，パソコンの改良に伴ってその有効性をもつという意味で，きわめて現実的有効性をもつ教育であるということができる．しかしながら，先にも示したように，パソコンは改良過程にある機器であり，現在の情報教育そのものも変化せざるをえないのである．その結果，情報にかかわる人間は情報に振り回されることになるのである．

　情報処理能力はそれぞれの人間が独自にもっているものであり，情報教育が一般化するまでは情報処理能力は各自の自己形成過程において自然に身についてくるものである．つまり，本来の情報処理能力は自己形成と並行して発達してくるものであり，情報に振り回される人間は存在しない．しかしながら，現実の情報化社会は必ずしも人間の必要性から導かれた情報化ではないために，現在の情報教育は逆に人間の自己形成を阻害する危険性がある．情報教育を受けることによって自らの能力に自信を失ってしまうというような人間疎外の原因に，情報教育そのものがなりかねないのである．とりわけ，情報機器の急速な発達は情報教育を人間の自己疎外の原因にさせる危険性がきわめて高いのである．

2. 偏った情報教育

　情報機器の開発がきわめて急速に進んでいるが，情報機器は人間の情報処理の必要性を満たすための手段に過ぎない．しかしながら，現実の情報機器は人間の情報処理の必要性とは無関係に発達し，人間自らがもつさまざまの情報処理能力をはるかに超えた速さで，正確に情報を処理していくことを可能にした．人間の本来の情報処理能力は自己形成と並行して発達していくものであるために，情報処理能力の発達と同時にその情報を選択したり，吟味したり，応用する能力をも発達させることになる．しかしながら，情報機器の発達に伴う情報化は人間本来の情報処理能力を使わせないで，単にパソコンの操作方法を習得することによってさまざまの情報を処理することを可能にしてしまうのである．その結果，パソコンを使いこなせる人間はパソコンのもつ機能が自らの能力であるという錯覚を起してしまい，自らの人間としてもつ本来の情報処理能力を失いつつあることに気づかないのである．

　情報機器の使い方の教授が情報教育であると考える偏った情報教育の考え方

から一日も早く脱却しないと情報教育こそが人類を滅ぼす教育になってしまうといっても言い過ぎではないだろう．

　また，情報教育というものは必ずしもパソコンによってのみ行われるべきものばかりではない．新聞，テレビ，ラジオ等のマスコミによって情報を受ける場合における情報の信憑性について吟味するための教育も情報教育の重要な内容でなければならない．しかしながら，ほとんどの教育機関で行われている情報教育はおパソコンの操作を中心とするきわめて偏った情報教育なのである．

3. 情報教育指導者の専門性の問題

　小学校から大学に至るまでのあらゆる情報教育の指導者があらわれてきたのは，歴史的にきわめて近年のことである．たとえば，大学において情報教育の担当をしている人々はもともと何らかの他の専門分野の研究者であり，その研究活動にパソコンを個人的に利用する機会が多く，機器の操作についてある程度習熟している者が多い．現実において，情報教育の基本的内容はパソコンの操作であるという事実からも，情報教育指導者の専門性は他の研究分野に比べて低い場合が多いといわざるをえない．しかも，情報機器の開発に直接かかわる一部の人々を除いて，自らのパソコン操作体験を基にして行われている場合が多いので，操作方法の教授にしても問題をはらんでいる場合が少なくない．

　情報教育の専門家はパソコンの専門家である前に教育の専門家でなければならない．情報が人間の自己形成にきわめて重要な要素であることを十分に理解したうえでの情報教育のあり方を論じ，そのような理論のもとに情報機器の操作にも取り組むことが必要なのである．

　また，情報機器開発の専門家は情報教育の専門家にはなりえない．なぜなら，情報機器の開発は人間のさまざまの能力をパソコンの機能に置き換えることによって実現されていくがゆえに，人間の本来もつ能力の伸長に関する理論とは相容れない部分をもつからである．つまり，現在の情報教育指導者はパソコンを使いこなす技術を教えるインストラクターとしての能力しかもたず，このような立場の情報教育指導者は現在だけの情報教育指導者であり，情報機器の技術革新によりパソコンの操作自体はより簡略化されれば，現在のような情報教育の指導者は不必要になり，真の情報教育の専門家が必要とされるようになる

ことが予想される．

4. 情報吟味能力の放置状態

　情報化社会の進展に伴ってマスコミによる情報操作の問題が取りざたされるようになってきている．さらに，インターネットの普及により，さまざまの興味本位の誤った情報までもが氾濫している．今こそ，一人ひとりの人間が情報を吟味する必要性に迫られている時代なのである．このような意味において，情報吟味能力を養うことは情報教育の重要な内容に含まれていなければならない．

　情報化社会が問題になる以前の時代においては，情報は一方的に受け入れるだけのものであり，情報を吟味しなければならないという意識をもつ人は少なかった．しかしながら，インターネットの普及により，さまざまの情報が吟味されないまま洪水のように氾濫している現状において，われわれ一人ひとりが主体的に情報を吟味し，必要に応じて取捨選択しなければならないのである．つまり，情報教育の一つの重要な内容に，情報を利用するもの自身が利用する情報を吟味する必要性と方法が含まれなければならないのである．

　与えられた情報を無批判に受け入れる状態に置かれてきた人々にとって，情報を吟味するということはきわめて難しいことである．情報を吟味する必要性を感じないままに生活してきた人にとって，情報を吟味する方法は従来明らかにされてこなかったのである．それゆえにこそ，情報教育の重要な内容として情報吟味の意義や方法が含まれていなければならない．このような情報吟味を行うことなしに情報倫理の教育は成立しないのである．

　しかしながら，現実の情報教育において，情報吟味の意義と方法については十分な指導がなされているとは必ずしも言い難い状況にある．

　以上のような情報化社会における現状を踏まえて本来あるべき情報教育の本質について考察していきたい．

第3節　情報教育の本質

1. 手段としての情報

　情報とは主体的行動に利用するための知識であり，あくまで主体的行動を実現するための手段としての役割を果すものでなければならない．そして，情報化社会の到来が叫ばれるようになるまでは，そのように情報は手段としての役割を果し続けてきた．しかしながら，情報化時代の到来とともに，情報に対する意識の変化が起り，情報そのものの価値について再認識されるようになってきた．しかしながら，情報のもつ価値というものは，何らかの目的が実現されるための手段としての価値であり，それ以上のものではない．つまり，情報がその価値を実現するためには，その情報を手段として利用しなければならない目的となる価値の実現が存在しなければならないのである．十分な価値をもつ目的を実現するための手段であるからこそ，その情報にも価値があるということになる．

　このような情報に対する基本的な考え方を確立しないままで，情報教育に取り組んでいる場合，情報に振り回されるという危険性が生じてくる．つまり，明確な目的もないままに，さまざまの情報を収集することによって，情報のための情報に振り回される状態に落ち込んでしまうのである．

　情報教育は主体的目的を実現するための手段としての情報を得るための教育であるから，情報教育がその効果を上げるためには，明確な主体的目的そのものがもたれなければならない．つまり，「手段としての情報」の教育が有効に機能するためには，そのような情報を利用できる主体的な目的をもつことが必要であり，さらに，情報教育が人間の自己形成とのかかわりをもつためには，多様な情報に振り回されない主体性育成の教育がなされなければならない．ここで，主体性育成について考察する．

2. 情報教育に伴う主体性育成の必要性

　情報教育が効果を上げるためには，情報を主体的に利用するための明確な目的をもつことが必要である．情報を自らの主体的目的のために利用する必要性をいかに強く感じるかによって，情報教育の必要性があらわれてくる．つまり，

情報教育の重要性は，情報を必要とする目的をもった主体的活動をいかに実現できるかにかかっているのである．それゆえ，情報教育はその前提に自ら問題解決を行える強い意志と主体性育成が前提になってはじめて真の効果を上げることができるのである．主体的に情報を利用することが情報の真の意義を生み出すのであり，そのような主体的な情報利用こそが情報倫理教育の必要性を生み出すのである．主体的に情報を利用するのではなく，情報に振り回されている人にとって情報倫理は問題にならない．

情報の必要性をきわめて強く感じる人においてのみ情報倫理教育の必要性があらわれてくるのである．それゆえ，主体的に行動を決定する必要性を感じ，積極的に情報を必要とするような人間の育成が必要である．そのためには，与えられた教育を受動的に受け入れるような現実の教育状況に疑問をもち，積極的に自ら学ぶ内容を選択できるような人材の育成が必要である．現実の学校教育においても，主体性の尊重とその育成の必要性が叫ばれているにもかかわらず，主体性を養う教育は必ずしも行われていない．このような状況において主体性育成の教育が行われないままで，情報教育が行われていても，そこには，情報に振り回される人間の育成しかできないことになるだろう．

真の情報教育の充実を図るためには，主体性育成の教育を学校教育のあらゆる領域に実現していくことが必要である．主体性をもって情報教育を受けることによってのみ情報を倫理的に利用することは基本前提になる．そのような主体性の育成こそが情報教育の真の充実を実現することになる．この点を情報教育担当者は強く認識しなければならない．

3. 情報処理能力の育成と情報認識能力の育成

情報教育の目指すべきものは情報処理能力の育成である．情報処理は情報を自らの主体的活動に利用するために不可欠な活動である．特にさまざまの情報が氾濫している現状においては，情報処理することによって自らに必要な情報を吟味し，取捨選択していくことが必要なのである．先にも明らかにしたように，情報とは自らの主体的目的を実現するために利用できる知識であり，そのような情報を自らの目的に照らして価値あるものとして認識する必要がある．つまり，情報処理能力が成り立つためには，その前に，情報認識能力が成立し

ていなければならないのである．さまざまの情報のなかから自らの目的を実現するために有効な情報を認識し，選択していくことは，主体的に情報を処理していくための基礎にならなければならない．さらに，この情報認識能力に基づいて情報吟味も成り立ってくるのである．情報を吟味するためにも，その情報を正確に認識し，判断し，評価することが必要なのである．つまり，情報吟味能力とは，このような情報認識に基づいて情報そのものを自らの自己形成の目的に照らして，情報の価値を判断し，評価することが情報の吟味につながるのである．

情報処理はこのような情報認識から導かれた情報吟味に基づいて行われるのであり，人間の主体的自己形成能力のあらわれである．それゆえ，情報を主体的に利用しようとする人は必ず情報を十分に吟味しなければならず，そのために情報機器を主体的に利用するのである．情報を主体的に利用しようとする意思のない人は，情報吟味の必要性を感じず，その結果，情報に振り回されることになってしまうことになる．情報を主体的に利用しようとする人は必ずしも情報機器だけに頼るのではなく，自ら必要とする情報を得るためにさまざまの手段や方法を用いる．

人間の自己形成は本来情報処理能力のあらわれであるということもできるのである．つまり，情報教育とは人間の自己形成をより豊かに行われるようにするための条件づくりであり，そのような情報を利用する程度は個々の人間の自己形成の行われ方によって決まるのである．

以上のような情報と自己形成の関係を十分に認識することなしに行われる情報教育は，真の情報教育ということはできない．そして，このような情報教育こそが情報に振り回される人間をつくり出すことにつながるのである．

第4節　情報と人間形成

1.　自己形成と情報の関係

意識的自己形成と無意識的自己形成の二重構造をとりながら行われる自己形成によって，人間は教育的有機体としての特徴をあらわすようになるのであるが，この自己形成に大きくかかわってくるのが人間を取り巻く生活環境である．

人間の生活環境はさまざまの情報に満ち溢れていて，それらの情報を意識的にも無意識的にも取捨選択しながら自己形成を続けている人間にとって，多様な情報の氾濫はその人間形成に大きく影響するのである．

　さまざまの情報に取り囲まれた人間がそれらの情報を主体的に利用できるか，情報に振り回されるかは，その情報と自己形成の行われ方によって決まるのである．とりわけ，現在のような情報の氾濫状態において，その情報が自己形成によってうまく取捨選択される場合には，自己形成はきわめて順調に進んでいくことになり，逆に情報が自己形成のもつ情報処理能力を超えてしまい，うまく情報を取捨選択できない場合には，自己形成できないだけでなく，情報に振り回され，人間としての主体性まで失う羽目に陥ってしまうのである．もちろん情報教育は人間がこのような情報に振り回されることがないように，情報処理能力を身につけるための情報教育を行うのであるが，このような情報処理能力の育成は個々の人間の本来もっている情報処理能力を前提にして行われなければならない．というのは，本来情報処理能力は個々の人間が生活していくうえで必要な自己形成能力としての情報処理能力としてあらわれてくるがゆえに，個々の人間によって程度が大きく異なるものであるからである．

　自己形成が個々の人間の個性に大きくかかわって行われるのであるから，情報教育についても一人ひとりの情報処理能力に応じた形で行われなければ，情報教育そのものがかえって情報的混乱を起させてしまい，情報に振り回される人間をつくり出すことになってしまう危険性がある．

　以上のように，自己形成と情報は密接にかかわっていて，真の情報教育は人間形成の中心的要素の一つであるということができるのである．

2. 人間形成的意義をもつ情報

　情報が人間の自己形成と密接にかかわり，情報教育が個々の人間の固有の自己形成に応じて行われなければならないのは，情報の必要性が個々の人間によって異なるからである．ある情報がある人間の自己形成に有効に機能するのに，同時に同じ情報が別の人間の自己形成を挫折させてしまうことがある．このような情報の意義の個別性は，個々の人間の自己形成がきわめて個性的に行われるからであり，情報を利用するかしないかは情報を受け取る側にその主体

性があるからである．つまり，情報はそれを受け取る側の自己形成にかかわりをもつ時，はじめて人間形成的意義があらわれてくるのである．

それゆえ，情報教育において情報倫理の問題を取り上げる場合も，一般論としての情報倫理を問題にしても，ほとんど意味をもたない．ある情報がどのように捉えられるかということ（情報を受け取る側にとっての情報の意義）が問題であり，その情報そのものの客観的意義とは必ずしも結びつかない場合がある．情報倫理の問題は情報がその利用者に及ぼす影響に直接かかわらなければならない．そうすることによって，情報教育は本質的に人間形成的意義をもつ教育になることができる．逆に情報の利用者に対する影響を考慮に入れずに行われる情報倫理の研究は単なる机上の空論に過ぎない．情報の影響を受ける人間の自己形成に対する倫理的影響について問題にする時，情報は人間形成的意義をもつのである．

3. 情報教育の問題点

以上に考察してきたように，現状の情報教育にはさまざまの問題があるが，そのうちで最大の問題点は情報教育が世代間の教育を破壊する危険性をきわめて大きくもつ点である．

教育は年長世代から年少世代に文化を伝達することであり，そのための年長世代の年少世代に対するはたらきかけなのである．しかしながら，現実の情報教育はこの構造が完全に成立しない教育であるといえる．つまり，情報教育については，年長世代が教育者的立場に立ち，年少世代が被教育者的立場に立つという基本的構造が成り立たないのである．情報機器の急速な発達に伴ってあらわれてきた情報化社会においては，情報機器の主体的な担い手はむしろ年少世代の場合のほうが多いのである．その理由は，年長世代はそれまでの人生において自ら固有の形ですでに情報処理能力をもっていたため新たな情報機器による情報処理の必要性を感じない場合が多かったのに対して，年少世代のうちには自らの情報処理能力を身につけようとする過程において新しい情報機器の開発がなされたためにその情報機器を用いての情報処理能力を身につけることが容易にできたという点にある．その結果，年長世代よりも年少世代のほうが情報機器の利用能力については容易に，しかも，短期間に確実に習得すること

ができたのである．

　このような情報機器操作能力に関しては，年長世代が教育者的立場に立ち，年少世代が被教育者的立場に立つという教育的関係が成り立たない状態があらわれているのである．しかも，情報化社会に対する信奉がこのような年長世代と年少世代の教育的関係そのものに対する疑問から，年長世代に対する年少世代の尊敬と信頼の感情を喪失させる事態にまで進んできているのである．このような事態がさまざまの教育問題を生んでいる一つの原因になっていることも事実である．

　また，少子高齢化社会の到来とともに，高齢者が生涯学習の一環として退職後にパソコン教室でコンピュータの操作を学習する時，自分の孫ぐらいの子どもよりもはるかに劣る自らの能力を知らされてしまうような事態に遭遇し，自らの年長世代としての誇りを失ってしまうような副次的問題まで起ってきている．このような高齢者のうちには，高齢者としての誇りを失ってしまい，不良老人への道を歩んでしまう場合もある．まさに，情報化社会における情報教育の行き過ぎた重視や情報教育万能主義の考え方が人類の長年にわたる教育と文化の歴史を根本から崩壊させてしまう危険性まであらわれつつある．

　さらに，情報機器をマスターしたつもりの年少世代も，情報機器を使うことによって得られた能力が自らの本来もつさまざまの能力を失わせつつあることに気づいていないのである．車の発達によって人類は歩く能力や体力を失うことになった．しかし，歩く力や体力は比較的容易にあらわれてくるものであるため，人類はそれを補うためのジョギングやウォーキングを行うようになった．人間のさまざまの能力を代行しうる情報機器の発達によって，人間はほとんどの精神的能力を失う危機に瀕しているのである．これは人類滅亡の危機であるといっても言い過ぎではない．それにもかかわらず，情報教育関係者のうちにこのような考え方をもつ者はほとんどいない．

　情報教育の問題点は情報教育のみにかかわることではなく，教育全般，人類全体の存亡にかかわる問題であることをわれわれは忘れてはならない．

第5節　今後のあり方

1. 情報機器操作の平易化に伴う情報教育のあり方

　情報産業はその利潤追求のためにさまざまの新しい機器やソフトを次々と開発している．このような連続的な開発が途切れた時，情報産業は消滅してしまう．それゆえ，情報産業は常により便利で平易な機器やソフトを開発し続けなければならない状況におかれている．情報教育も現状のような情報機器の操作方法を教授することに終始しているならば，情報機器操作の平易化に伴って，情報教育そのものが消滅してしまわざるをえない．

　このような現状を十分反省して，情報教育に携わる人々は個々の人間の自己形成に直接かかわる真の情報教育への転換を行うべきである．現在行われているような単純な情報機器の操作方法の教授は情報化の初期段階においては必要不可欠な教育であるということができる．しかしながら，今やそのような初期の情報教育から人間形成的意義をもつ情報教育（個々の自己形成の情報能力に応じた情報教育）への根本的な方向転換が急がれなければならない．そのためには，情報教育担当者の情報教育における専門性のレベルアップが差し迫った課題とされなければならない．小学校から大学に至るまでの情報教育がほとんど同じ性質のものであるような平板な情報教育ではなく，それぞれの段階における自己形成の構造に応じた情報教育の内容と方法が明確にされ，そのための主体的研究がなされるような情報教育が一日も早く実現されることが重要な課題である．

2. 能力訓練としての情報教育

　情報機器の今後の発達から予測して，人間の理性によって導かれるほとんどの能力をコンピュータが代行できる時代はいずれやってくる．しかし，このような時代がやってくるということは，同時に人間はコンピュータなしには何一つ知的活動ができない時代がやってくることにもなるのである．コンピュータのさまざまの機能を利用できることが人類の発達に寄与することは事実であるが，人類が人類である限り，自らの能力を失わず，それを発達させるための訓練としての教育が必要なのである．健康のためにウォーキングを行うのと同様

に人類の知的能力の維持・発展のためにさまざまの知的能力の訓練の必要性がより大きな意義をもつようになってくる．つまり，形式陶冶的教育の必要性が今後のコンピュータ万能時代において，人類を人類として存続させる唯一の教育になってくることが予想される．

人類は自らの生活を快適にするためにさまざまの科学技術と文化を創り上げてきた．しかしながら，人間の快適さというものは，さまざまの苦痛からの解放によって実現されるものであり，苦痛からの解放のために努力することによって養ってきた人間の能力を不必要なものにする．

人間形成的意義をもつ情報教育の実現によって，このような現実の情報教育のもつ危険性を解消することが人類の使命である．

3. 情報と教育の関係の再認識の必要性

情報教育の危険性について考察してきたが，これは情報のための教育という発想から生じてくる矛盾に起因するものであった．われわれ人類はこのような情報化の初期の段階における情報教育から一日も早く脱却し，個々の人間の自己形成のための情報教育を実現しなければならない．そのためには，情報のための教育ではなく，教育のための情報訓練を実践しなければならないのである．情報教育は人間の能力を訓練するために行うという目的意識を明確にすることによって情報に振り回される人間になることから開放されるのである．

情報が実質陶冶的意義をもつだけでなく，むしろ，情報に形式陶冶的意義を求めることによって，人間はコンピュータによる利便性や快適さだけでなく，コンピュータによる能力訓練を求めることが必要になってくるのである．つまり，情報教育は人間が自己形成を行う教育的有機体としての性質に直接関わることが必要であり，そこには形式陶冶的意義が大きくあらわれてくるのである．

参考文献

- 佐伯胖他編『岩波講座 8 現代の教育　情報とメディア』岩波書店，1998 年
- B. C. ビッカー，津田良成訳『情報学の理論と実際』勁草書房，1995 年
- J. ヴァーイレス編，池谷のぞみ訳『情報の要求と探索』勁草書房，1993 年

索　引

あ　行

アガペー, 33–36, 40, 42–46, 77
遊び, 31
「いえ」制度, 110
生きる力, 51, 59, 82, 139
意識的自己形成, 11–18, 33, 48, 50, 51, 205
1 条校, 100
一家団欒, 109
一斉授業, 191
一般陶冶, 57, 58
居場所, 188–190
いまを生きる, 181
エレン・ケイ, 77, 145, 146
エロース, 34, 35, 40–46
オウエン, 7, 196
おとなと子どもの二項対立, 164
オープンスペース, 193
親子関係, 114

か　行

外的時間, 184
カイロス, 175, 181
学習権, 38
学習指導要領, 91, 99, 100, 105
学習評価, 55, 66–70, 73
過重労働, 117
家族, 108, 168
家族関係, 108
価値葛藤, 24, 49
学校, 168
学校教育, 96
学校教育法, 91, 100
学校の範囲, 100
学校法人, 101
か弱い存在, 171
カント, 21, 138, 143, 144
機能的教育, 10, 29, 30, 81
義務教育, 95
義務教育の無償, 102
義務教育費国庫負担法, 102
義務教育費国庫負担金, 102
キムチ鍋, 118
牛鍋, 110
教育愛, 30, 31, 34, 36, 39, 43–46
教育関係のパラドックス, 143, 144
教育基本法, 91, 93, 94
教育行政, 98, 99
教育権, 37, 38, 63, 80
教育限界説, 10, 11, 13
教育公務員特例法, 97, 98
教育専門家, 26, 38, 46, 52, 54, 56, 68, 69, 71, 72, 74, 80–82
教育勅語, 94
教育的関係, 8, 17, 18, 21, 22, 28–30, 33–35, 38–40, 43–46, 52–54, 64, 208
教育的有機体, 3, 7–9, 11, 13, 14, 16, 18, 19, 22, 30, 33, 47, 48, 57, 67, 197, 198, 205, 210
教育の機会均等, 95, 106
教育の方針, 94
教育の目的, 94
教育万能説, 10, 11, 13
教育評価, 55, 59, 66–69, 71, 74
教育法規, 91
教科書, 103
教科書検定, 99, 103
教師中心主義教育, 11, 47
教師中心主義教育思想, 5, 59
共食, 117
教職員, 102
教職員の職務, 103
共生, 139
居住の場の環境整備, 132
ギリガン, 148

近代教育のパラドックス, 144
クリーク, 29
クロノス, 175, 181
形式陶冶, 57-59
形成的評価, 71-73
現在志向性, 15, 31-33, 51, 71, 85
合自然の教育, 62
高度経済成長, 111
告示, 105
個性, 206
心の教育, 59
心のつながり, 2, 17, 25, 30, 35-37, 40, 41, 43, 72, 77, 80
個食, 111
孤食, 111
個人性, 3, 9, 23-27, 48, 49, 62
個性, 3, 5-7, 30, 62, 70, 197
個性化, 21, 23
子ども期, 167
子ども像, 170, 171, 173
子どもの囲い込み, 169
子どもの実体化, 161
子どもの発達, 124
子どもへのまなざし, 166, 168, 169
コミュニティ, 120, 121
コメニウス, 59
コールバーグ, 139, 141, 142
コロニアリズム, 151-154

■ さ 行

3次元ユークリッド空間, 186
ジェンダー, 113
支援の教育, 15-18, 48
自我, 12, 14, 15, 48
自己意識, 3, 4, 6, 9, 13, 14, 16, 22-24, 40-42, 48, 49, 65, 76
自己教育, 14, 51
自己教育力, 51, 83, 86
自己形成, 5, 6, 9, 11-16, 18-25, 30-32, 34, 38, 47, 48, 50, 57, 66, 196-198, 200, 201, 203, 205-207, 209, 210
自己形成力, 9, 30
自己形成論, 47-50, 53
実質陶冶, 57-59, 82, 85
実存主義教育学, 64
実体化, 164, 165, 170, 172
児童・生徒の懲戒, 104
児童中心主義, 16
児童中心主義教育, 11, 13, 16, 29, 30, 47, 48, 62, 71
児童中心主義教育思想, 5, 61
『児童の世紀』, 146
自発性, 14
社会化, 21-23, 49, 63, 64, 126, 128, 135
社会教育, 97
社会性, 3, 9, 23, 24, 26, 27, 48, 49, 62
就学義務, 102
宗教教育, 98
宗教性, 11

週時程表, 183
シュプランガー, 31, 64
受容性, 14
シュライエルマッハー, 31, 60-62, 64
生涯学習, 21, 51, 52, 83, 84, 86, 208
消極教育, 62
情緒的関係, 108, 109
情報教育, 39, 79, 87, 88, 90, 199-210
情報吟味能力, 87, 89, 202
情報倫理, 79, 202
情報倫理教育, 89, 204
職員会議, 103
職業陶冶, 57, 58
食卓, 110
自律, 138, 139, 142, 143, 163
自律性, 145-147
人格, 6, 10, 22, 40, 44
診断的評価, 71-74
性格形成論, 196
生活圏, 123
政治教育, 97
性別役割分業, 110
生理的早産, 2, 3
絶対評価, 69, 70, 73, 74
全人教育, 59
全体の奉仕者, 96, 97
専門性, 71, 201
総括的評価, 71-73
相対評価, 69, 70

■ た 行

体験された空間, 187
ダイニング・キッチン, 111

他者（性）, 149–151, 153–160
男女共学, 96
地域, 120, 122
地域社会, 120–122, 124, 125, 127, 128, 132, 133, 135
地域生活, 127
地方教育行政の組織及び運営に関する法律（地教行法）, 99
ちゃぶ台, 109
長時間労働, 118
通過儀礼, 167
ディルタイ, 64
デス・エデュケーション, 51
デューイ, 63
到達度評価, 73, 74
道徳, 4, 6, 49, 79
道徳教育, 7, 23–26, 80
道徳性, 11, 20, 24–27, 42, 49, 64, 79
道徳的心情, 25
道徳的知性, 25, 26
道徳的判断力, 25, 26
道徳的雰囲気, 25
陶冶, 28, 56, 57
土鍋, 110
徒歩圏, 132, 133

な 行

内的時間, 184
仲間集団, 125, 126, 128
ナトルプ, 22, 63, 197
鍋奉行, 113
日常生活圏, 120, 124, 129, 132, 133

2DK の団地, 111
ニート, 116
日本国憲法, 91
人間教育, 7, 21, 23, 39
人間形成, 12, 47–50, 52, 57, 59, 63, 198, 199, 205, 206
人間形成論, 12, 47–53
人間性, 199
人間らしさ, 20, 49, 197
年少世代, 4, 18–20, 22, 31–36, 38, 39, 47, 64, 207, 208
年長世代, 4, 5, 18–20, 22, 31–39, 47, 51, 64, 207, 208
能力別学級, 55

は 行

ハインツのディレンマ, 141, 142
パウルゼン, 31
パトス的, 147
反抗期, 114, 115
ピアジェ, 139
ひきこもり, 116
開かれた存在, 196, 197
フィリア, 34, 35, 40–44, 46
フィリップ・アリエス, 166
夫婦関係, 113
プラトン, 63
フレーベル, 59, 62
プロ教師の会, 155, 157, 158
文化教育学, 31, 47, 64
ペスタロッチー, 28, 39,

43, 44, 59, 61, 63, 84
ヘルバルト, 7, 28, 29, 60–62
法的拘束力, 99, 105
法律に定める学校, 96, 100
ポリクロニック・タイム, 176, 180
ポルトマン, 2
ボルノー, 64

ま 行

マカレンコ, 63
見習い修行, 168
未来志向性, 15, 16, 31, 32, 51, 52, 85, 86
民主的家族制度, 110
無意識的自己形成, 11, 12, 14–17, 48, 50, 205
無私の愛, 33–35, 42, 77
銘々膳, 109
メルロ＝ポンティ, 173
モノクロニック・タイム, 176, 182
問題教師, 79

や 行

優生学, 146
ユーモア, 22
よい子, 189
四段階教授法, 29

ら 行

ラジオ体操, 176
ランカスター・システム, 191
理解不可能, 164

理解不可能な存在, 165
リストラ, 117
良心の覚醒, 64
ルソー, 11, 59, 61, 62, 65

恋愛結婚, 111
連続性, 165
老化, 50
6・3・3・4制, 95, 100

ロック, 59

執筆者紹介（執筆順）

田井康雄（たいやすお）	京都女子大学	編集，はじめに，第1章～第4章，第13章
中戸義雄（なかとよしお）	奈良大学	編集，第11章，第12章
安曇茂樹（あずみしげき）	兵庫県立伊丹高等学校	第5章
井上えり子（いのうええりこ）	京都教育大学	第6章
遠藤和士（えんどうちかと）	大阪大学	第7章
岡部美香（おかべみか）	京都教育大学	第8章
森岡次郎（もりおかじろう）	大阪府立大学	第9章
藤田雄飛（ふじたゆうひ）	九州大学	第10章

探究・教育原論　—人間形成の解明と広がり—

2005年3月31日　第1版　第1刷　発行
2014年4月10日　第1版　第5刷　発行

編　者　田井康雄
　　　　中戸義雄
発行者　発田寿々子
発行所　株式会社　学術図書出版社

〒113-0033　東京都文京区本郷5丁目4の6
TEL 03-3811-0889　　振替 00110-4-28454
　　　　　　　　　印刷　サンエイプレス（有）

定価はカバーに表示してあります．

本書の一部または全部を無断で複写（コピー）・複製・転載することは，著作権法でみとめられた場合を除き，著作者および出版社の権利の侵害となります．あらかじめ，小社に許諾を求めて下さい．

©2005　Y. TAI, Y. NAKATO　Printed in Japan
ISBN978-4-87361-782-4　C3037